一口气读懂经典语文

以一当百
诗词课

与 桉 编著

南方传媒 岭南美术出版社

中国·广州

图书在版编目（CIP）数据

以一当百诗词课 / 与桉编著. —广州：岭南美术
出版社，2023.8
（一口气读懂经典语文）
ISBN 978-7-5362-7760-1

Ⅰ.①以… Ⅱ.①与… Ⅲ.①古典诗歌—中国—中小
学—教学参考资料 Ⅳ.①G634.303

中国国家版本馆CIP数据核字(2023)第121194号

责任编辑：黄小良　黄海龙
责任技编：许伟群
封面设计：极宇林

一口气读懂经典语文
YIKOUQI DUDONG JINGDIAN YUWEN

以一当百诗词课
YIYIDANGBAI SHICI KE

出版、总发行：岭南美术出版社（网址：www.lnysw.net）
　　　　　　（广州市天河区海安路19号14楼 邮编：510627）
经　　　销：全国新华书店
印　　　刷：湛江市新民印刷有限公司
版　　　次：2023年8月第1版
印　　　次：2023年8月第1次印刷
开　　　本：880 mm×1230 mm　1/32
印　　　张：6
字　　　数：139千字
印　　　数：1—10000册
ISBN 978-7-5362-7760-1

定　　　价：32.00元

读"有用书"，学"活语文"

将进酒·黄

这些年我们闹过的语文笑话

十多年前，某位著名主持人在采访一位嘉宾，因为嘉宾的父亲刚刚过世，所以节目开始时，主持人对嘉宾说："首先，向家父的过世表示哀悼！"

对某人的过世表示哀悼，这种感情是没错的。但是，节目一播出，这句话却引起了轩然大波。

为什么呢？因为主持人犯了一个很大的语文错误！

要知道，"家父"一词，在古代语文中，是专指说话人自己的父亲，相当于"我父亲"；"家"，是谦辞，表示说话人的谦逊和对他人的恭敬。

相对应地，提到别人的父亲时，得说"令尊"。令，意为"美好"，是敬辞。

主持人的这次错误，被称为"家父门"。在这些年我们闹过的语文笑话里，"家父门"是一个非常典型的案例，被人们一再提起，甚至进了高考语文模拟试卷。

其他我们闹过的语文笑话，如某位学者将"致仕"解释为"做官"，某位校长读错成语"鸿鹄之志"，某位名师读错"耄耋"……

这是名人们闹出的笑话，因传播广而影响大；至于普通人闹出的笑话，因为关注者少，就只能自己偷偷脸红了。

"山川异域，风月同天"的惊艳

2020 年初，新冠疫情肆虐，打乱了世界人民的生活。

在武汉疫情最严重的时候，日本友人为中国捐赠了大量防疫物资，随之而来的，还有"山川异域，风月同天""青山一道同云雨，明月何曾是两乡"等赠语。这些赠语，因其优美典雅，因其蕴味深长，因其恰如其分，而迅速刷爆了互联网络。

"山川异域，风月同天。"意思是虽然不在同一块土地上，却共享着同一片天空。这有一个典故。唐玄宗时，日本长屋亲王想请大唐高僧去日本传授佛法，于是制作了一千件袈裟，赠送大唐，袈裟上绣有四句偈语："山川异域，风月同天。寄诸佛子，共结来缘。"此举最终促成了"鉴真东渡"。鉴真大和尚在日本传法多年，是中日文化交流史上的一个重要事件。

"青山一道同云雨，明月何曾是两乡"出自唐代诗人王昌龄的作品《送柴侍御》，意思是：你我虽然各处一地，但是两地青山相连，沐浴在同一片云雨下，守望着同一轮月亮，其实何曾远离呢？

这样的诗句太美太美，白话翻译不能传达其神韵的十分之一。

因此，有人说，它映照出了我们日常语言的粗俗。

我觉得，它唤醒了我们心中沉藏的古典记忆。

我们不是没有文雅。先秦有《诗经》《离骚》，两汉有"大赋"，魏晋有《世说新语》，唐有诗，宋有词，明有小品文，清有散文。甚至可以说，所有汉语的文雅，都从中华来，都在中华文明宝库里。

只是，作为中华文明宝库的拥有者，我们自己却常常忘记了、忽略了。徒有宝库却不知如何取用，读书多年却说不出一句齿颊生香的话，写不出一个清风朗月的句子。

所以才有今天的被惊艳，乃至羞惭。

好的语文，会用才是硬道理

其实传统经典，我们一直在学。唐诗宋词，我们一直在背。但是，为什么书到用时方恨少、诗到用时不见了呢？

原因可能有很多，但有一个原因是我们没法否认的：我们学的时候，并没有想过要怎么用；我们背的时候，想的只是考试得分。

我们学了很多古文名篇，但是怎么问人姓名、年龄，怎么称呼客人、家人……一概不知。

我们也学了很多成语、历史典故，但夸人时怎么夸、怎么委婉地批评人……从来不想。

我们也要求记忆诗词的全篇、诗人的生卒年份、创作背景、中心思想……四五岁的孩子能把《春晓》背得滚瓜烂熟，但是上了多年学后，春天早晨从美梦里醒来，没有一次能想起"春眠不觉晓"；写作文《雨后》，压根儿想不起可以用上"花落知多少"。

所以，我们不妨深入反思：到底应该怎么来学习传统经典？

我的意见是，"有用"的读书，不是要往脑子里压缩进去几百首甚至上千首诗词古文经典，而应该是无论遇到什么情景，都能有一句妙语自然而然地涌上心头，帮你说出那一刻的心情，恰到好处，尽得风流。

"活的语文"，不是要记忆多少佶屈聱牙的典故、生僻冷门的字词，而是在使用中，在说话、写作文的时候，长篇言之有物，短句言简意赅。即使是发个微信朋友圈、设置个QQ签名，寥寥数语，也要短得有味、有品，一句顶一万句。

只有在"活的语文"里，在每个人的日常语文运用中，五千年文化素养，唐诗宋词、《古文观止》，才是有价值的存在。

把话说得准确、优美、典雅、传情

这套《一口气读懂经典语文》，分为《脱颖而出文言课》《以一当百诗词课》《立竿见影成语课》《过目不忘俗语课》四册，将传统经典中的语文精华，以符合现代实用需求的方式，介绍给读者，并通过模拟举例，教会读者在说话和作文中准确、灵活地运用。

《脱颖而出文言课》精选古典词语，如问人姓氏要说"贵姓"，给人写信可说"见字如晤"；称人父亲为"令尊"，称己父亲是"家父"；对前辈自称"后学"，被表扬可说"过奖"……

《以一当百诗词课》精选诗词精华，有叙事的，有写景的，有抒情的，有咏志的……举例说明用法：哪一句可以用来写贺卡，哪一句适合作座右铭，怎么在同学、家人面前表现出"妙语连珠"，以及怎么将诗句灵活运用在作文中。

《立竿见影成语课》精选四字成语，追溯其典故出处，介绍其用法和同类成语。对成语的挑选，有意提高内容难度，追求"新鲜感"，以满足小读者旺盛的求知欲。

《过目不忘俗语课》是老祖宗留下来的最生活化的语文，接地气，俏皮，耐琢磨。本册精选生活俗语，讲解其内涵和用法，并从语文构造的角度，来探索这些妙语是怎么创造出来的。

总之，不闹笑话，把话说得准确、优美、典雅、传情，始终是一种优秀的能力。而我们这套书的策划初衷，正是为了帮助小读者快速实现这种能力，并希望有一天，他们给我们的语文带来更多惊艳。

目录

江南无所有，聊赠一枝春

叙事篇

江南无所有，聊赠一枝春

若你和亲人、朋友分隔两地，很长时间没见，想给对方寄一份礼物，你会寄什么呢？是当地的土特产，还是对方喜爱的东西？在古代，友人会面也流行送礼，那远方的人怎么送礼呢？在这首诗里，诗人就给出了一个特别浪漫的答案。

赠范晔

（南北朝）陆凯

折花逢驿使，寄与陇头人。

江南无所有，聊赠一枝春。

这首诗中有两个关键人物，一个是南北朝时期北魏诗人

"江南无所有，聊赠一枝春"，既通俗，又美妙，是非常好的赠人妙句。"春"可以实指春天，也可以虚指其他温暖可人的事物。可以是画一簇花、一群蝴蝶，或者拍摄一江春水，给朋友发去，并附语："江南无所有，聊赠一枝春。"

"江南"和"一枝春"也可以换成其他意象，如"北国无所有，聊赠一叶秋""海边无所有，聊赠一只螺"。

陆凯，一个是他的好友范晔。彼时陆凯身在江南，而范晔身在陕西，陆凯置身于梅花丛中，回首北望，想到了在陇山的范晔。在《荆州记》中就有记载："陆凯与范晔交善，自江南寄梅花一枝，诣长安与晔，兼赠诗。"

全诗是说：

正好遇到将要北去的驿使，我便折来一枝梅花，托他带给远在陇山的你。在我看来，这江南也没什么好的礼物，就让这一枝梅花代替我向你去报春吧。

这首短短的五言绝句，内容简单，却在字里行间饱含了诗人无限的诗意和情感。

【名句赏读】

"江南无所有，聊赠一枝春。"在江南，梅花被称为报春之花，象征着生机和希望。

但更妙的是，"一枝春"，春天本无法用"枝""朵""片"之类量词来形容，诗人却偏说"一枝"，大有一枝梅花便是一个春天的意思。

作文举例

君子之交，应淡如水，浓于情。欢聚时，当相聊甚欢、不问昼夜；两地时，亦遥遥相望，彼此挂念。羡慕于"相逢方一笑，相送还成泣"的默契，也知足于"江南无所有，聊赠一枝春"的希冀。

当代诗人汪国真有一名句："我原想收获一缕春风，你却给了我整个春天。"与"一枝春"有微妙的共通之处。

"驿寄梅花，鱼传尺素。砌成此恨无重数。"

出自宋代词人秦观的《踏莎行·郴州旅舍》。"驿寄梅花"和"鱼传尺素"，都是指友人的信件、问候。其中"驿寄梅花"用的正是"江南无所有，聊赠一枝春"这个典故，词人把自己比作范晔，收到了陆凯的馈赠，但是友人的问候，让词人顿时更觉忧伤和愁意。

若到江南赶上春，千万和春住

离别的思绪有千万种，多以惆怅为主。无论告别的是亲人还是知己、新知还是故交，此时此刻，人们总会想抒发一下自己的怅然若失之感，以及对重逢的期盼。

北宋词人王观的这首离别之作，除了不舍外，词人还借景寓情，以一种乐观的态度给友人鼓励，给离别增添了几分期待和希望。

卜算子·送鲍浩然之浙东

(宋) 王观

水是眼波横，山是眉峰聚。欲问行人去那边？眉眼盈盈处。

才始送春归，又送君归去。若到江南赶上春，千万和春住。

一学就会

"若到江南赶上春，千万和春住。"春天里送人归去，都可以直接用这两句。

如果朋友是要去往北方，把"春"改成"雪"，也是一句应景的好诗："若到东北赶上雪，千万和雪住。"

如果把"春"理解为所有美好的事物，那可以应用的地方就更多了。

友人要去往浙江东部，面临分别，王观自然是不舍的。但转念一想，友人去的是个好地方呀，那里澄澈的水波像是迷人荡漾的眼波，青翠的山峦像是美人的眉峰。此等山清水秀之宝地，我应该为他高兴才是！

在王观所在的地方，繁花似锦的春天已经结束，刚送走了春天，如今又要送友人离去，无疑是"愁上加愁"。但词人突发奇想：浙东的春天或许还没离开呢，你此行前往，如果赶上了，一定要把春天留住！

关于这首词，还有一种说法。据说王观所提到的"眉眼盈盈"和"春天"，其实是指代了友人在浙东的心上人。友人与他分别是愁，但却能和心上人相会，由此他为友人感到高兴。

不管是哪种情况，一阕离别词，却写出了欢喜和春意盎然，实在让人惊喜，也呈现出词人心中对美好事物的向往和追寻。

作文举例

　　我们是否因为走得太快，忽略了身边的美丽风景？世间万物都是恩赐，山水美景能洗涤我们的心灵，虫鱼鸟兽能给予我们生命的启示。冬往春至，生机盎然，若到江南赶上春，千万和春住。

【名句赏读】

"若到江南赶上春，千万和春住。"这一句堪称"出神入化"，真是神来之笔。

词人将春天拟作一个活生生的人，这个人无限美好，但也捉摸不定，说不准明天就会离开。于是他给予了友人祝愿：若是"春天"还没离开，一定要多留她几日，好好珍惜和她相处的时光。

更多佳句

"若有人知春去处，唤取归来同住。"

这是黄庭坚《清平乐》里的句子，与"若到江南赶上春，千万和春住"意思相似：若是有人知道春天去了哪里，一定要唤她（春天）回来，与她同在呀！

盈盈一水间，脉脉不得语

千百年来，人们常为牛郎和织女被银河相隔、一年只能见一次的故事感慨，但这终究是天上的故事，神秘而遥远。其实放眼我们生活的周围，也有很多相爱而不能相守的夫妻，他们有的因为工作原因聚少离多，有的因为意外情况生死相隔，让人无限叹息。

迢迢牵牛星

佚名

迢迢牵牛星，皎皎河汉女。

纤纤擢素手，札札弄机杼。

　　"盈盈一水间，脉脉不得语。"可以形容一种默契的愁思，两人相隔而望，静默不语。多用于和家人、朋友分开后的相思之情。

　　有一个关于胡适和杨振声的故事。杨振声任青岛大学校长，邀请胡适来讲演。不料轮船抵达后，却因风浪太大，无法靠岸。胡适只好发一电报，说："宛在水中央。"——我就在海中央，靠不了岸。杨振声接到电报后，回了一句："盈盈一水间，脉脉不得语。"——我们俩隔着一片水域，倾情相望却说不上话。

终日不成章，泣涕零如雨。

河汉清且浅，相去复几许。

盈盈一水间，脉脉不得语。

　　这是《古诗十九首》之一。一位在织布机前劳作的女子，她灵活白净的双手一刻不停地摆动着，操控着织布机轧轧地响个不停，但这响声并不平稳，起起伏伏的倒像是女子波动不安的心情。

　　虽说在织布机前一坐就是一整天，但女子满心都思念着远在他乡的丈夫，泣不成声、泪如雨下，根本织不出什么来。

　　看天上这银河清亮且浅，好像也不怎么远，谁知道这一分隔就是年复一年呢？而丈夫离家在外，就更不知何时才能团聚了。

　　全诗勾勒出了一位和丈夫分离、饱受相思之苦的女子形象，她含蓄内敛，心事只好往心里藏，难过时只能对着织布机流泪。

作文举例

　　好朋友随父母搬家去了外地，我们俩一下子就相隔大半个中国，虽然也可以经常视频，但到底还是距离遥远。每次夜晚仰望星空，或者行到美景之处，总会想念他。"盈盈一水间，脉脉不得语。"我就在心里祝福他快乐成长吧。

【名句赏读】

　　"盈盈一水间，脉脉不得语。"女子从自己想到传说中的织女，她和丈夫之间的距离就像是分隔牛郎织女的银河，看似浅浅一道，却阻断了两人的团圆和交流，万千愁绪不知与谁说，只好默默凝视，痴痴相望。

　　"所谓伊人，在水一方。"

　　距离总让人烦忧，但也有一种美，叫"距离美"。《诗经·蒹葭》中的这两句就诠释了这种意境。佳人的距离刚刚好，若隐若现，正是美得不可方物，给人无限的遐想。

君问归期未有期

宋代文学家欧阳修，曾经提出一个观点："诗穷而后工。"一个创作者，生活太幸福美满了，往往写不出特别动人的诗句；反而是穷困潦倒或者悲伤愁苦的人，创作出的诗歌更有感染力。

这个观点似乎很有道理。比如我们发现，历来那些写离愁别绪的诗词，随便挑出来一首，都别有动人之处。

夜雨寄北

（唐）李商隐

君问归期未有期，巴山夜雨涨秋池。

何当共剪西窗烛，却话巴山夜雨时。

李商隐的这首诗，一改晦涩难懂，写得晓畅明白，却又结构巧妙，别有趣味。

一学就会

"君问归期未有期"，只要是不确定日期的情况，都可以用上这一句。

比如，北京的朋友一直问你什么时候去玩，你就可以回答：君问归期未有期！——到底什么时候能去，得看天时、地利、人和。

你问我何时回去，我自己也不知道何时回得去；——大雨难行，或者工作太忙、车票太紧张！

巴山这里又下大雨了，池水涨得老高！

什么时候可以坐一起秉烛夜谈啊，我得跟你好好说说，下雨的夜里我是怎么想念你的。

——听听这话说的，太可爱了！

这首诗有一种说法是题作"夜雨寄内"，"内"就是妻子，很可能"夜雨寄内"才是准确题目，诗人跟妻子说话才会这么好玩，并带点撒娇味道。

【名句赏读】

"君问归期未有期。""君问归期"，这是提问，提问的内容是"回来的时间"；"未有期"，这是答复，答复的结果是"日期不确定"。

一句话中，涉及两个人，一个提问和一个答复，连同问答的内容在内，作者却只用了短短七个字，极为精练地交代

作文举例

一场突如其来的山雨，冲垮了下山的道路，听说附近的铁路运输也中断了。在救援到来之前，我们这一群游客怕是要被困在这"孤岛"上了。虽然没什么性命之忧，但是到底什么时候能够离开，并顺利回家，那就真是"君问归期未有期"了。

完毕，这是诗歌叙事功能的极致。

汉语的这种运用之妙，真是令人惊奇。

"侯门一入深如海，从此萧郎是路人。"

出自唐代诗人崔郊《赠去婢》。这句诗很多人都熟悉，意思是：你一旦嫁入这豪门贵族之家，从此与我就是路上的陌生人。

蓦然回首，那人却在，灯火阑珊处

元宵节也叫"灯节"，有句老话"三十的火，十五的灯"，是说大年三十晚上讲究把火烧得很旺，正月十五晚上要多点灯。古时候，元宵节这一天，无论城市还是乡村，到处张灯结彩。城市里还会有灯节，男男女女都打扮得漂漂亮亮地去闹元宵。

圆月、彩灯、集会……如果在这样浪漫的场景中再邂逅一个"她"，是多么美妙的事情。

青玉案·元夕
（宋）辛弃疾

东风夜放花千树，更吹落、星如雨。宝马雕车香满路。凤箫声动，玉壶光转，一夜鱼龙舞。

蛾儿雪柳黄金缕，笑语盈盈暗香去。众里寻他千百度。蓦然回首，那人却在，灯火阑珊处。

一学就会

"蓦然回首，那人却在，灯火阑珊处。"这句话可用的地方很多。可以形容与心仪之人的遇见，也可以形容对所求之物的突然得到。

"回首"、"人"和"灯火阑珊"也可用别的词来替换。比如：蓦然回首，我心却在，万千美食里。——原谅我有一颗"吃货"的心！

在所有描写上元灯节的诗词中，这一首是必背的名篇。它的美不单单是对景物的描写和对氛围的把控，更是因为结尾处为大家留下的那一抹动情画面。

那一夜，上饶城里的繁灯焰火就像是从树上吹落四散似的，满地芳香、箫声四起。玉壶般的圆月和欢笑的人群相互辉映。美人们精心装扮、结伴而行，留下了阵阵清香。而这并不是词人心之所向，他站在人群中，苦苦寻找着一个"她"，久寻不得，猛然一回头，竟看见"她"正站在灯火阑珊之处。

【名句赏读】

"蓦然回首，那人却在，灯火阑珊处。""阑珊"有半明半暗的意思，人群灯海中，作者寻人不得，久久踟蹰，心中自是焦急。谁知一回头，那人恰恰在那光影婆娑处，再三

作文举例

不知从什么时候起，突然有了一个"成长的烦恼"：我羡慕那些多才多艺的人，他们总能成为人群中的主角，而我只有旁观的份儿。这个烦恼困扰了我很久，我开始幻想很多以自己为主角的故事。直到有一天，我被幻想中精彩的自己感动得笑出声来，猛然惊醒：何必非要成为人群中的主角，既然"幻想"这件事我做得这么得心应手，那我就做自己的"梦想家"好了！众里寻"梦"千百度，蓦然回首，我的梦却在我自己的心里。

确认，的确是她。那一瞬间的情绪，是欣喜、是激动，甚至是慌乱和不知所措。

这句妙就妙在："她"一出现，之前的圆月、彩灯、焰火、美人、集市都成了"将就"，仿佛是为了衬托突显"她"而设置的。那个人，才是整首词的中心。

这首词写于辛弃疾罢官、闲居江西上饶十年之后。因此也有学者认为，在"灯火阑珊处"的"那人"不是别人，正是作者自己的写照。他辗转于尘世间，不受重用，不合"俗"群，就像是在上元灯节上，与嬉笑欢快的人群格格不入的那个"她"。"她"即使一时没了踪影，但终究还会在老地方等着他，就像他的清高初心不曾改变一样。

更多佳句

"灯火钱塘三五夜，明月如霜，照见人如画。"
出自苏轼《蝶恋花·密州上元》，是写杭州元宵节的街景。沿街是灯火璀璨之色，头上是月光如白霜，路上行人游赏，热闹和喧哗映在他们脸上。
"踏破铁鞋无觅处，得来全不费工夫。"
宋代诗人夏元鼎《绝句》里的这两句，知名度很高。它说出了一个生活道理：有时你费尽心思去做，事情却未必尽如人意；而当你沮丧、失望乃至就要放弃时，成功却突如其来。

问姓惊初见，称名忆旧容

李益，唐代诗人，字君虞，玄宗、肃宗、代宗时期人。以边塞诗而著名，这首诗讲的是安史之乱中的故事。

喜见外弟又言别

（唐）李益

十年离乱后，长大一相逢。问姓惊初见，称名忆旧容。

别来沧海事，语罢暮天钟。明日巴陵道，秋山又几重。

安史之乱，持续了八年，重创了唐帝国，更是给当时的人民造成了严重伤害。

诗人和表弟在战乱中意外相逢，惊喜之余，马上又要分别，难免惆怅满怀。

诗中写道：

一学就会

"问姓惊初见，称名忆旧容。"用来形容多年不见再重逢的朋友，真是再恰当不过。

比如从前的玩伴，数年后再相见，各自都变化很大，再坐到一块儿，经人介绍才知道身边这人就是那谁谁谁，不由得感叹："问姓惊初见，称名忆旧容。这世界真是太奇妙了！"

从小就认识的两个人，因为战乱，分隔两地；十年后再见，都容貌全变，认不出来。直到互道姓名，才有了一点模糊的印象，原来竟是自家兄弟！

兄弟互诉衷肠，说了各自分别后的遭遇，不知不觉暮钟响起，已到了晚上。明日呀，你我又要分离，巴陵古道上，秋山重重，兄弟二人又将天各一方。

【名句赏读】

"问姓惊初见，称名忆旧容"，用字平实，寻常话语，却刻画了兄弟或旧友重逢时的尴尬、惊喜、沉思和雀跃。

我们可以想象那情景：

——两个人相见，"您贵姓啊？""我姓李。您呢？""我姓张。"

——"哦，初次见面，多多关照。您全名是？""我是张三。""我叫李四。"

——啊？"我有个表弟叫张三。""我有个表哥叫李四。"

——你是不是就那谁谁谁呀……

作文举例

暑假的时候，有人组织了一场小学同学的聚会，那场面实在是"尴喜"得很。同学们一个个互相辨认过去，有些人的样子还依稀可认，也有些人，如果不报上姓名，根本就认不出来。真是"问姓惊初见，称名忆旧容"。

对话到这里，两人才互相认出来：“我记得你以前圆圆脸，小胖墩，如今都这么英俊潇洒、玉树临风啦！”“你也差不多，以前才这么一点高，还老不梳洗头发……”

这样的相认，一波三折，画面感十足。

更多佳句

“共看明月应垂泪，一夜乡心五处同。”

出自白居易《望月有感》，作者一家兄弟姊妹五人，各在一处，诗人感叹：虽然我们分散五处，但此时此刻，我们五人的心思却又是一样的，都在思念亲人。

只在此山中，云深不知处

唐代"苦吟诗人"贾岛，热爱写诗，才华显著，经常因为构思诗句而忘了其他事情。但他本人不喜与人交往，更别提主动上门拜访了。难得有一次，贾岛专程入山寻访隐者，却发现主人不在家。贾岛写诗记下此事。

寻隐者不遇

（唐）贾岛

松下问童子，言师采药去。
只在此山中，云深不知处。

诗作开头一个"问"字，牵出了三句回答。淡淡地问，淡淡地答，但读后却使人回味无穷。

一学就会

"只在此山中，云深不知处。"可用来形容就在附近，但难以寻找；也可以比喻某人的境界很高，看似就在身边，实则飘忽不定。"山""云深"也可以换成别的词语。

比如在海边，人很多，一眨眼，某人就不见了。旁人问起，就可以说："只在此海中，水阔不知处。"

诗人问了童子什么呢？我们可以从回答中看出来：

"言师采药去"——你师父在吗？

"只在此山中"——去了哪儿？

"云深不知处"——在山上哪里？

读前三句，还是平淡至极，但读到最后的一句"云深不知处"时，我们似乎看到了诗人的失落。诗人乘兴而来，似乎要和隐者谈天论道。但憋了一肚子的话和不辞劳苦的攀登，到此完全泄气。诗人兴致全消，无言地望着这郁郁青松和悠悠白云，心头一片茫然，不知该做什么了。

【名句赏读】

"只在此山中，云深不知处。"这是童子的回答，也是诗人的自叹。是失落，也是消解，消解了诗人原有的兴致及热望。放下心头的执念，只与青松、白云为伍，不是一种超越与解脱吗？或许，诗人的失望也在悠悠白云中渐渐模糊而消散了吧。

作文举例

周末，我们相约去逛植物园，听说园里有《红楼梦》的作者曹雪芹的故居。但路回水绕，在一片山林中走了半天，还是没有找到。我和朋友都累了，坐在路边，相视一笑，无奈地说：真是"只在此山中，云深不知处"啊。

> "不识庐山真面目，只缘身在此山中。"

出自苏轼《题西林壁》。正因为身在山中，视野受到局限，反而看不清楚山本来的模样。与"只在此山中，云深不知处"有相似之处。

语文加油站

初唐四杰的排名之争

王勃、杨炯、卢照邻、骆宾王，被称为"初唐四杰"。卢照邻对这个排名顺序不满，他说："把我排在王勃后面，不冤；排在骆宾王前面，很惭愧。"

杨炯也有不同意见，他说："我不敢排在卢照邻的前面，但不甘排在王勃的后面。"

小楼一夜听春雨，深巷明朝卖杏花

陆游是南宋著名的爱国诗人，他始终将自己的荣辱和国家的命运紧紧相连。一想到他，便会想到"僵卧孤村不自哀，尚思为国戍轮台"的壮志，也会想到"王师北定中原日，家祭无忘告乃翁"的深情。

下面这首诗，却和诗人其他作品有些不同，没有豪言壮语和愤世悲鸣，而是寥寥几句，将自己多年的郁结和辛酸化作一句淡淡的轻叹。

临安春雨初霁

（宋）陆游

世味年来薄似纱，谁令骑马客京华。

抛开诗歌的背景故事不说，单看"小楼一夜听春雨，深巷明朝卖杏花"这两句诗，"小楼""春雨"婉转浪漫，"深巷""杏花"清丽娟秀，赏心悦目，令人神往。

我们可以用它来形容大好春光，市井繁华；也可以用它来给自己的住处取名，如"夜听春雨楼""明朝杏花巷"；更神奇的是，有小说家将这两句诗演绎为两种武功绝招：刀法名为"小楼一夜听春雨"，音波功法名为"深巷明朝卖杏花"。——这样的招式，那画面太美！

小楼一夜听春雨，深巷明朝卖杏花。

矮纸斜行闲作草，晴窗细乳戏分茶。

素衣莫起风尘叹，犹及清明可到家。

宋孝宗淳熙十三年（1186），六十二岁的陆游已经干了好几年的"闲职"，这并非他所愿。这位老人一生忧国忧民、满腔抱负，却无处施展。此次他奉诏入京，接受严州（今浙江省西部）知州的职务，并在临安（今浙江省杭州市）觐见皇上。可皇上并不是说见就能见的，于是他在西湖边的客栈停留了几日，百无聊赖中写下了这首诗。

在陆游看来，近些年做官感受到的世态人情，就像是一张半透明的纱，凉薄脆弱、让人失望。而如今还有人叫他骑马到京都来"做客"，这不是大大的讽刺吗？

坐在西湖边的小楼里，夜里听春雨声滴滴答答，清晨听见小巷的深处有人在一声声地叫卖杏花，好一幅生动的市井之图。他清闲地铺开宣纸，随意地写上几笔，晴天的窗前，壶中咕嘟咕嘟地烧水，不紧不慢地沏茶，将茶沫撇去，再细

作文举例

春天的早晨，城市从睡梦中醒来，大街小巷里，有人赶着买菜，有人在小吃店里吃早餐，小孩赶着上学，大人赶着上班……想起诗句"小楼一夜听春雨，深巷明朝卖杏花"，说的不就是眼前这样的景象吗？这么一想，平时习以为常的这一幕，感觉一下子就超凡脱俗起来。

品入喉，这日子也太悠闲了。可这种悠闲让诗人感到不安，国家尚未安定，自己不敢怠慢。但转念一想，诗人心里生出更大的悲凉：朝堂上的都不急，我急有何用呢？只愿京都的尘土不要弄脏我洁白的衣衫，我还是不凑这热闹，在清明节到来前回到山间老居吧。

【名句赏读】

"小楼一夜听春雨，深巷明朝卖杏花"是这首诗的"诗眼"，看似将春色小景写得清新脱俗，其实蕴含了诗人隐藏的愁思。

结合上下文可以猜测，"一夜"未睡听春雨，诗人并无这般闲情雅致，而是为国事忧愁。春雨绵绵尽愁思，字面上明艳的春景恰恰是为了反向烘托自己内心的苦闷。可以想见，陆游的内心是极度矛盾的，他一方面劝说自己放弃仕途理想，莫让尘世之沉瀣"沾上素衣"；但另一方面，他又割舍不下自己的家国情怀。这便是陆游之哀叹的由来。

"试问闲情都几许？一川烟草，满城风絮，梅子黄时雨。"

出自宋代词人贺铸的《青玉案·凌波不过横塘路》。若问我有几多愁，我的愁绪就像眼前这一片雨后流烟的青草、满城飘飞的柳絮，以及梅子黄时没完没了的细雨。

桃李春风一杯酒，江湖夜雨十年灯

好酒越陈越香，朋友也是一样。我们每天都可能结识新的人，而那些经受住时间考验的旧友，会在岁月的长河中显得弥足珍贵。

北宋文学家黄庭坚为自己少时好友黄几复作了好几首诗，其中影响最深远的便是下面这首：

寄黄几复

（宋）黄庭坚

我居北海君南海，寄雁传书谢不能。

桃李春风一杯酒，江湖夜雨十年灯。

持家但有四立壁，治病不蕲三折肱。

想见读书头已白，隔溪猿哭瘴溪藤。

宋神宗元丰八年（1085），黄庭坚在德州（今山东省德

老朋友在一起，难免会忆往昔、叹今朝。曾经在一起风华正茂、谈天说地，如今或许天各一方、见一面都难。这时就可以说："桃李春风一杯酒，江湖夜雨十年灯。"

州市）任职，而他的好友黄几复身处四会县（今广东四会），两人天南地北、遥不可及，于是黄庭坚写下了这首思念友人的诗。

黄庭坚叹道：如今你我天南地北，想通过鸿雁来传书都实现不了。回想当年，我们在春光下共赏桃李、同饮美酒，好生快活！而今一别就是十年，各自在江湖蹉跎，只能时常对着孤灯、听着夜雨想念对方。

接下来，黄庭坚唏嘘于黄几复的经历，友人奋斗大半生，却仍是家徒四壁。古人有"久病成良医"的说法，但他希望友人不要如此，毕竟，有什么比平安活着更重要的呢？听说岭南多瘴气，猿猴哀鸣，一片荒蛮。好读诗书、已是白发萧萧的你，可一定要保重呀！

【名句赏读】

"桃李春风一杯酒，江湖夜雨十年灯。"这两句诗对仗工整，且无一个动词，几个意象拼出了生动的今昔对比的场景。"一杯酒"取代了"聚会"，"十年灯"象征着"想念"，

作文举例

当初一别，竟已十年。曾经的你我意气风发，抱负高远，如今虽历经世故，但内心的热血依然涌动。不说什么"桃李春风一杯酒，江湖夜雨十年灯"，但愿我们的每一次相聚，都是欢乐的，对未来是满怀憧憬的！

诗人纯熟的意境描写将昔日的欢愉和今朝的孤寂体现得淋漓尽致，让人不得不叹服。这段友情中不仅有曾经的美好回忆，更有荣辱与共的莫逆之情。

"长恨人心不如水，等闲平地起波澜。"

出自刘禹锡《竹枝词九首》，也是感慨人生的名句。诗人认为，相比于江水的无风不起浪，人心更为诡谲莫测，往往无缘无故就掀起滔天大浪。

"江头未是风波恶，别有人间行路难。"

江上风浪并不是最险恶的，世道人心才最凶险。出自辛弃疾的《鹧鸪天·送人》："唱彻阳关泪未干，功名余事且加餐。浮天水送无穷树，带雨云埋一半山。今古恨，几千般，只应离合是悲欢？江头未是风波恶，别有人间行路难。"这是作者经历仕途坎坷之后的深刻体会。

山重水复疑无路，柳暗花明又一村

人生难免会遇到困难，道路崎岖难走，兜兜转转好像永远看不到尽头。有人会在失望中放弃，有人则会坚持下来，熬过艰难，终于等到花开的时刻。

诗人陆游有一首《游山西村》，本是寻常的一次游玩纪行，却因为诗中有一句"山重水复疑无路，柳暗花明又一村"，而传诵至今。因为它看似在写山水、柳树、鲜花，却潜台词丰富，给那些相信前面还有路的人带去了鼓励和希望。

游山西村

（宋）陆游

莫笑农家腊酒浑，丰年留客足鸡豚。

山重水复疑无路，柳暗花明又一村。

一学就会

这两句诗多形容本来已经陷入僵局，但突然峰回路转，看到了新的希望。多用于鼓励人们不要被暂时的困难和迷茫吓倒，坚持下去才有可能遇到转机和突破。

一道题很久都不会解，快要放弃时，突然灵光一闪，有了思路，一试，嘿，成了！这时就可以说"山重水复疑无路，柳暗花明又一村"。

箫鼓追随春社近，衣冠简朴古风存。

从今若许闲乘月，拄杖无时夜叩门。

厌倦了官场倾轧、空有一身抱负的陆游深感挫败，罢官回归了自己的故乡山阴（今浙江省绍兴市）。在故乡的农家小院里，陆游感受到了久违的亲切和温暖。

也许有人会担心他久居都市和官场，早已不习惯农村的粗茶淡饭，但他却说："不要笑话农家腊月里酿的酒浑浊，在丰收的年份里待客的菜肴是非常丰盛的。"在这里，即使重峦叠嶂、水流蜿蜒，怀疑前面是不是没有路了，但只要继续往前走，就会在柳暗花明处看到一个村庄。

陆游很快喜欢上这里的生活，在春社日快到来的时候，和村民们一起吹着箫、打起鼓，祈福来年一帆风顺、五谷丰登，村民们衣冠朴素的风气依然保留了下来。要是今后还有乘着月色出门闲游的心情，不用你来叫我，我哪怕拄着拐杖也一定会来敲你的家门。

全诗喜气洋溢，表达出诗人对农村生活的热爱和投入。

作文举例

即使在数学学科上的付出和回报很不成正比，但他依然没有放弃，甚至比之前更加努力。虽然现在还是"山重水复疑无路"，但相信他很快就会迎来"柳暗花明又一村"的。

"山重水复疑无路，柳暗花明又一村。"两句表面写的是重山曲水的景象，在被大自然的鬼斧神工迷惑，差点以为走不出来时，突然发现前面就有一个村庄，依稀花丛草木、几间茅屋农舍，让行人豁然开朗。

人生的境遇有时不也是如此吗？当陷入进退两难、前途未卜的境地，人心难免迷茫失措，但相较于原地踏步，倒不如继续往前走，说不定冲破了暗淡，就会有一束光在前指引，直到发现一片前所未有的新天地。

更多佳句

"临渊羡鱼，不如退而结网。"

这是一句古代成语，《汉书·董仲舒传》中引用了它，意思是站在水边，看着水里的鱼，非常羡慕，但光靠想，鱼是不会自己跳到手里来的，所以正确的做法是，赶紧回家去结网，有网才能捞鱼。

行到水穷处，坐看云起时

王维半生从政，到了晚年已官至尚书右丞。但经历过政局反复变化的他，已清醒地认识到仕途的艰险，于是大约四十岁后，便开始吃斋念佛，追求自在闲适的生活。这首诗体现的便是这一时期的脱俗境界。

终南别业

（唐）王维

中岁颇好道，晚家南山陲。

兴来每独往，胜事空自知。

行到水穷处，坐看云起时。

偶然值林叟，谈笑无还期。

别业，即别墅。诗人说自己中年起喜欢上了佛学，到了

一学就会

谁不喜欢这样闲适、轻松的生活状态呢？"行到水穷处，坐看云起时"，可以用来形容一种随遇而安的生活态度。比如，有人害怕将来生活没有保障，就可以用"行到水穷处，坐看云起时"来安慰他，让他放宽心，没有什么困难是跨不过去的。

晚年退休，就在终南山下建了一座大宅子来住。于是，"兴来每独往，胜事空自知"，没事的时候就往山里跑，碰到好事也只有自己一个人知道。

什么样的好事呢？"行到水穷处，坐看云起时"，沿着小溪走，走着走着就到了源头——山巅，于是坐下来休息，四面望望，竟然能看到白云的卷舒变幻，美妙至极，让人顿时忘却了疲劳。

这样的日子是不是很无聊、很枯寂呢？诗人觉得这是按照佛教的要求在修道，不觉得苦，反而是胜事。更何况，"偶然值林叟"，还能碰到隐居山林的同道之人，这时就分外亲近，"谈笑无还期"，谈起佛禅来，没完没了，快乐无比，都不想回家了。

【名句赏读】

"行到水穷处，坐看云起时。"这两句特别符合诗人闲适的状态和超脱的心境，忘记了时间，走到哪里算哪里；席地而坐，看天看地看人间，人生之惬意不过如此吧。

爬山是个锻炼人的活动，但也够累人的。快到山顶时，就累得直喘气了。等到了山顶，就只能坐下来休息了。四面望去，远处倒也有几朵白云。"行到水穷处，坐看云起时"，山间处处是风景。

王维前半生在世俗间看尽了闹市繁华、宫廷争斗、人性复杂，就更加渴望清闲、单纯、自在的生活。而当他的心静了、超然了，也就更能感受自由的流水、飘浮的游云，感受大自然一切美妙的变化。

更多佳句

王维描写自己悠闲、寂静生活的诗句还有很多，比如描绘夜雨后，寂静空山小景的"明月松间照，清泉石上流"；描写落日余晖倾泻入林的"返景入深林，复照青苔上"，都以小见大，别具一格。

荷花娇欲语，愁杀荡舟人

写景篇

蝉噪林逾静，鸟鸣山更幽

我们都知道，在安静的时候，更能听清周围细微的声音。而反过来，有时突然发出来的某种大的声响，也能反衬出环境之寂静。下面这首诗中就体现了这种"以闹写静"的精妙手法。

入若耶溪

（唐）王籍

艅艎何泛泛，空水共悠悠。

阴霞生远岫，阳景逐回流。

蝉噪林逾静，鸟鸣山更幽。

此地动归念，长年悲倦游。

诗人泛舟若耶溪。四周碧水青天，晚霞映照在流水上，光线轻柔灵动。此刻天地间安静得好似只他一人，只有林间的噪蝉和山中归鸟提醒着他，还有生灵与他同在。如此惬意

一学就会

这种以动写静的手法，我们可以学习。"蝉噪林逾静，鸟鸣山更幽"，在写游记的时候，可以用在山景的描写中。

幽静的环境与心境，让他不觉生出归隐之心。

【名句赏读】

"蝉噪林逾静，鸟鸣山更幽。"诗人在赏景的过程中充分调动了听觉系统，欣赏大自然美妙的乐声。诗中的静，并不是万籁俱寂，而是生机盎然的清静。因为有蝉的聒噪，显得林间比以往更加空寂；因为有归鸟的鸣叫，山中才显得更加幽深。

此刻，自然中的声动反衬出了景静，同时也是诗人的心静。正因为他的心绪沉静，才更享受这闹中取静的快意。钱锺书先生在《管锥编》中提到，"寂静之幽深者，每以得声音衬托而愈觉其深"，说的正是这种情况。

"此时无声胜有声。"

在白居易《琵琶行》一诗中，作者用区区七个字，创造出一个新的境界：心中有情有景，无声比有声更妙。有些场景，你不想说话时，正可以用这一句来表达自己不想说话的理由。

时有落花至，远随流水香

"伤春"是唐诗宋词中的重要主题，但是唐代诗人刘眘虚的这首诗，写暮春时节的山居生活，不仅毫无伤感气息，而且整首诗写得就像一个旅游攻略，很有新意。

阙题

（唐）刘眘虚

道由白云尽，春与青溪长。时有落花至，远随流水香。
闲门向山路，深柳读书堂。幽映每白日，清辉照衣裳。

阙题，"阙"通"缺"，即传播过程中诗的题目遗失了。

刘眘虚，眘音shèn，盛唐时期诗人。刘眘虚性情淡泊，壮年辞官，在山中建了一处别墅，每日寄情山水，读书自娱。

"道由白云尽"，是指别墅建在深山之中，道路的尽头是白云，白云深处是别墅；一路走来，有溪流相伴，春天就

一学就会

在山上游玩，看到溪流，撒些花瓣或树叶，或者折一只纸船在水里，这就是"春与青溪长"。

溪流带着花瓣，一路缓缓流远，这时就可以说："时有落花至，远随流水香。"

跟这溪流一样，一路蜿蜒、悠长。"春与青溪长"，春的颜色，春的声音，深山的寂静，一句简单的诗句全描绘出来了，画面感极强，美妙得给人无穷联想。

青溪上不时有落花漂浮，花的香气在空气中弥散开来，仿佛整条小溪都变香了。沿着小溪，别墅也就到了。别墅的门口对着山路，柳荫深处是诗人读书的地方，白天阳光透过树叶洒下来，几缕清辉照着诗人的衣裳。

前四句写进山的道路，循着山路和溪流就可以找到别墅；后四句写诗人悠闲地晒着太阳读书的山居生活。画面温柔，洋溢着闲情幽趣，令人向往。

【名句赏读】

我们都知道成语"落花流水"，本义是暮春时候，花朵掉下来落在水里，后来比喻被打得大败。诗句"时有落花至，远随流水香"，所描写的情景正是"落花流水"的本义，但诗人并没有因为春天就要远去而觉得忧伤，反而说"春与青溪长"，并且花落到水里，从而使得整条溪流都变得芳香了。

作文举例

　　小溪清清的、绿绿的，溪流潺潺，蜿蜒向山脚而去。不时有花瓣和树叶加入这场"漂流"中，要把山里的消息报告给山外的人。"时有落花至，远随流水香"，我们都情不自禁地陶醉在了这春天里。

正是诗句的这种与众不同，别出新意，给读者留下了深刻印象。

"流水落花春去也，天上人间。"

出自南唐后主李煜《浪淘沙令·帘外雨潺潺》，诗人借春天已去来比喻从前的生活一去不复返，过去是皇帝，现在是囚犯，两相对比，感慨从前如在天上，如今是在人间，二者是天壤之别。

深林人不知，明月来相照

唐代诗人王维，字摩诘，号摩诘居士，写有很多歌咏山水田园的诗，与孟浩然合称"王孟"。更重要的一点是，王维爱好参禅学佛，诗也写得很有"仙气"，人称"诗佛"。他还是中国山水画的开创人物，苏轼说他是：诗中有画，画中有诗。

比如这首：

竹里馆

（唐）王维

独坐幽篁里，弹琴复长啸。

深林人不知，明月来相照。

一学就会

写景的诗句，通常有两种用法。一种是以景喻景，当你夜居郊外，尤其是在山上望月的时候，四周寂静无人，此情此景，正好适合用上这一句："深林人不知，明月来相照。"

另一种是以景喻情，虽然诗歌写的是景物，但你可以用它来表达某种情绪。比如，你觉得谁都不理解你，不懂你，你身在人群之中，却仿佛"独坐幽篁里"，这时也可以说"深林人不知，明月来相照"，只有明月懂你的心。

竹里馆是诗人晚年隐居的别墅，屋前屋后种有竹子，行人稀少，环境幽雅。

幽篁，即幽静、茂密的竹林。

诗人说：我独自坐在这竹林深处，看看书，弹弹琴，有事没事还仰天长啸一两声。夜里的时候，这里太幽静了，没人来打扰我，也没人来问候我，只有一轮明月，悄然来做伴。

这首诗如画。我们仿佛看见诗人白衣飘飘，坐在竹林深处，身前是一架琴，天上是一轮月。风吹竹响，寂无人声，月明皎洁，满天清辉。

至于诗人长啸，是快活呢，还是愤世嫉俗？

【名句赏读】

"深林人不知，明月来相照"，是清静难得呢，还是寂寞彻骨？只有月亮悄然靠近，是怜爱我，还是它也需要有人温暖和陪伴？

是读出宁静，还是读出孤单，就看各人心境了。

"举杯邀明月，对影成三人。"

出自李白的《月下独酌》，诗人独自饮酒，孤单难耐，于是突发奇想，举起酒杯，邀来明月共饮，加上诗人的影子，这下总算有了"三个人"。

荷花娇欲语，愁杀荡舟人

"秋风秋雨愁煞人。"在众多的古诗词中，秋景常是萧瑟而清冷的，但李白偏不按常理出牌，他诗中的秋天如春天般明艳动人，连水中的荷花也娇艳得能与人争艳。

渌水曲

（唐）李白

渌水明秋月，南湖采白蘋。
荷花娇欲语，愁杀荡舟人。

静谧的秋夜里，一轮明月散发着清辉，映照在清澈的南湖水上，星星点点，明明晃晃。一位美丽的女子正泛舟湖上，采集白蘋。水中荷花千娇百媚，似乎有话想跟女子倾诉，而

一学就会

"荷花娇欲语，愁杀荡舟人。"我们在实际应用的时候，着眼点不用放在"荡舟人"身上，而是要放在"荷花娇欲语"上。

能让旁观者心生妒忌，这花儿，这自然风光，得是何等之美啊！所以我们要赞美景物的时候，就可以斟酌着引用这一句。"荷花"可以换成任何其他花儿，或者小猫小狗。

女子见荷花如此娇美，不想竟对花儿产生了妒意。

【名句赏读】

"荷花娇欲语，愁杀荡舟人"，荷花生机盎然，娇艳欲滴，似乎就要开口说话，以至于让观赏它的人都产生了"危机感"——连花都这么美，我美不过它，怎么办呀？

这种夸张、拟人的手法将荷花写活了，将整个景色写活了。荷花的形象本就清秀高雅、圣洁无染，"欲语"二字将荷花的几分娇羞、几分迟疑又几分心动的小心思也透露了出来，让人回味无穷。

究竟是怎样的心境，竟让这位女子因几朵荷花而愁？或许因为她赞叹于荷花的娇美，反倒对自己容貌不自信起来。也可能是荷花触发了女子的情思，惹起了她对恋人或曾经美好时光的向往和思念，而如今独对空景、寂寞满溢，不免心生愁苦。

作文举例

春天的时候，去山上看桃花，灼灼其华，你盯着它稍微多看一会儿，就发现它真的太像会说话的眼睛了。这发现让人激动，就像李白笔下泛舟采蘋的女子，"荷花娇欲语，愁杀荡舟人"，诗人的话一点也不夸张。

"秋阴不散霜飞晚，留得枯荷听雨声。"

这是李商隐描写荷花的诗句。诗人写的是深秋残荷：秋雨萧瑟，阴云还在天际逗留；池塘里荷叶凋零，只剩下少数枯枝还撑着一柄荷叶如伞，雨打在上面，别有一番闲愁滋味。

"人间亦有痴于我，岂独伤心是小青。"

有人与花相比，也有人与书中虚构的人物相比。明代女子冯小青聪慧却早逝，她曾留下一首《无题》诗："冷雨幽窗不可听，挑灯闲看牡丹亭。人间亦有痴于我，岂独伤心是小青。"小青读剧本《牡丹亭》，与书中人物比痴情，为之悲伤，并说天下的痴情人、伤心人，并不是只有我冯小青呀！

疏影横斜水清浅，暗香浮动月黄昏

古往今来，梅花以其高洁的外形、幽雅的香气和傲然的气质被无数人称颂，而在宋代诗人林逋的眼中，梅是一位风姿绰约、略带羞涩的妙龄女子，等待着他人的欣赏和宠爱。

山园小梅·其一

（宋）林逋

众芳摇落独暄妍，占尽风情向小园。

疏影横斜水清浅，暗香浮动月黄昏。

霜禽欲下先偷眼，粉蝶如知合断魂。

幸有微吟可相狎，不须檀板共金尊。

林逋是宋朝出名的隐士，他的后半生几乎都隐居在杭州西湖边，种梅养鹤，以梅为妻、以鹤为子。在寒冬腊月里，院子里其他的花都凋零了，唯有梅花迎寒傲然而开，将家中

一学就会

"疏影横斜水清浅，暗香浮动月黄昏。"虽然是形容梅花，但也可以用于形容其他事物。

这两句也可以单独使用。比如"暗香浮动月黄昏"，是写黄昏时分，华灯初上、月影婆娑的绝妙好句。

小院里的风光都占尽了。它不但形美，连花影和香味也令人深深着迷。有多厉害呢？就连寒雀从空中飞落下来也想偷看梅花一眼，而即便是春天里艳丽的粉蝶看见了它，也会自惭形秽、失魂落魄的。

诗人自是爱梅花爱得真切，而且他庆幸于自己有独特的优势，便是能在它的身边，为它吟诵赞词、抒发爱意，时刻与之亲近。

【名句赏读】

"疏影横斜水清浅，暗香浮动月黄昏。"这两句描写梅花的影子和香气，庭院湖中的水清且浅，梅花稀疏的树影斜斜地倒映在水面上，微微的波纹轻晃，倒独有一番意味。而

作文举例

很多人赞叹梅花"暗香浮动月黄昏"的迷人，但更要明白"梅花香自苦寒来"的顽强和坚持。

这次的班级集体活动，老师安排在公园里野营。长这么大，我们还从没有在野外露营过，大家都兴奋极了。夜里，我们开始唱歌，跳舞，轮着表演节目。公园里花木清香怡人，月亮把树木的影子照在湖面上，一切朦朦胧胧的，真迷人。"疏影横斜水清浅，暗香浮动月黄昏"，说的大概就是这种情景吧！

它看不见、摸不着的香气馥郁幽远，让人无法忽视，也像是长了双腿的小精灵一样，在空气中翩然起舞，一直飘散到了黄昏中的月光之下。

通过诗人的描写，梅花虽然并没有动，但它的身影却能活灵活现、跃然诗间。

"梅须逊雪三分白，雪却输梅一段香。"

梅花和雪常常被拿来比较。宋代诗人卢梅坡的《雪梅》一首，用"梅"衬托"雪"的白，用"雪"来突出"梅"的香，一语写尽了二者的优势和不足，从此成为定论。

鸡声茅店月，人迹板桥霜

在古时候，车马很慢、书信很远，从一个地方到另一个地方，往往要耗费数月、半年甚至更长时间。因此诞生了很多描写旅人途中所感的"羁旅诗"，唐代诗人温庭筠的《商山早行》，是其中广为流传的一篇。

诗中"鸡声茅店月，人迹板桥霜"一句，对仗精妙，写景传情，最为世人所称道。这两句运用了一种不常见的修辞手法——列锦，指在句子中全部用名词或名词性短语进行组合，巧妙排列以创造出新的意境。

商山早行

（唐）温庭筠

晨起动征铎，客行悲故乡。

一学就会

"鸡声茅店月，人迹板桥霜。"描绘的是一幅乡间晨景，景物清淡别致，却又有一种行色匆匆的慌乱感，非常适合用在清晨出行的路上。

比如作为走读生，早春乍暖还寒，睡眼惺忪中背着书包去学校的路上，就可以来一句："鸡声茅店月，人迹板桥霜。"——如果没有"鸡声"，那也有"车声"嘛！

鸡声茅店月，人迹板桥霜。

槲叶落山路，枳花明驿墙。

因思杜陵梦，凫雁满回塘。

温庭筠出身于没落贵族家庭，他品行不检点，又恃才傲物，好讥讽权贵。据说宰相令狐绹曾经请温庭筠当"枪手"，帮自己写了一首《菩萨蛮》，拿去讨好唐宣宗。令狐绹千叮嘱万告诫，让温庭筠一定要保密，结果温庭筠转头就拿这事出去显摆，告诉了别人，弄得令狐绹很难堪。

因为这种种原因，温庭筠一生都不得志。

这一年，温庭筠48岁了，还是做着一个小官，他被派去任隋县尉。离开长安去赴任的路上，经过"商山"这个地方，温庭筠写下了这首诗。诗人说：

天色刚亮便起床，征铃叮当催人行，我思念故乡，满心悲伤。

作文举例

快要开学了，爸妈特地来到农村爷爷家，要把玩得乐不思蜀的我接回去上学。妈妈说要开很长时间的车，得赶早，所以天刚蒙蒙亮就把我叫醒，胡乱吃了几口早饭后，我们就出发了。外面一个人也没有，经过村口的时候，我才听到有鸡叫声响起，这回可真是让我体味到了"鸡声茅店月，人迹板桥霜"的诗歌意境。

鸡鸣声还在催人起床，晓月之下茅店隐约可见，木板桥上布满寒霜，行人走过，脚印凌乱。

荒山野路上，槲叶堆积，驿站土墙上，枳花白亮。

我回味着昨夜的美梦，梦到自己已回到杜陵家里，门前的池塘里，满是凫雁在欢快嬉戏。

【名句赏读】

这首诗全文没有一个"早"字，但通过对意象的巧妙堆砌和运用，将早春清晨的独特乡景描绘了出来，特别是颔联"鸡声茅店月，人迹板桥霜"，作者将这些极具代表性的名词串联了起来，勾勒出凄清别致的景致，让人回味无穷，同时也含蓄流露出自己的几分愁绪。

北宋诗人梅尧臣曾经说过，最好的诗应该"状难写之景如在目前，含不尽之意见于言外"。温庭筠的这两句诗正是很好的诠释。

"莫道君行早，更有早行人。"

这是《增广贤文》里的话，最适合早上出门赶路的时候引用：别说自己已经很早就出发了，路上还有人比你出发更早。也比喻人要努力努力再努力，因为总有人比你更加努力。

夕阳无限好，只是近黄昏

古人喜登高望远，因为高处可见天地之辽阔、人物之渺小。多思善感的诗人们更甚，每每登高，多有好诗产出、佳句传唱。李商隐是一位极度追求"诗美"的人，但这次登高，他留下的这首《乐游原》言辞简洁明了，与其他佳作倒有不同。

乐游原

（唐）李商隐

向晚意不适，驱车登古原。
夕阳无限好，只是近黄昏。

乐游原是位于西安东南部的一处高地，在唐代，那里绿草如茵、繁花似锦，建有寺庙和高塔，是人们踏青赏景的好去处。

黄昏时分，诗人心情不好，便驾着马车登上了乐游原。下车后，随意乱走，四处眺望。看到美丽的夕阳，灿烂的晚霞。

一学就会

"夕阳无限好，只是近黄昏。"用来形容美好的东西即将消逝，类似于"好花不常开""好景不常在"，体现出留恋和不舍的心情。

但是很快，太阳隐没在地平线下，什么都看不见了。暮色四合，只剩下了孤独惆怅的诗人，呆呆站在乐游原上，不知道该去哪儿。

【名句赏读】

"夕阳无限好，只是近黄昏"，慨叹一切美好的东西不长久。

也有人认为，"夕阳"代表了诗人对唐朝政权衰落之势的感叹和惋惜。诗人时处晚唐，眼见王朝由盛转衰，就像将要落下的太阳一样。

短短两句，充满了诗人对"夕阳"的赞叹和眷恋，也怀有遗憾和失落。

作文举例

虽然说"夕阳无限好，只是近黄昏"，但若是能在心里将它留住，又何必怅然于它的消逝呢？

每看到公园里，那些晨练时意气飞扬、精神饱满的老人，我都不由得感慨，谁说他们已"近黄昏"呢，明明是"夕阳无限好"，别有一番人生韵味！

"但得夕阳无限好，何须惆怅近黄昏。"

现代著名文学家朱自清，晚年的时候在书桌玻璃板下压着一张纸条，上面即写有这两句话，意思是只要看到了夕阳无限美好的景象，又何必惆怅于黄昏即将到来呢？表达出一种积极、乐观的人生态度。

"天意怜幽草，人间重晚晴。"

出自李商隐的另一诗作《晚晴》。意思是上天怜爱那幽僻处的小草，世间珍惜傍晚时的晴天。后以"人间重晚晴"来指代社会上尊重德高望重的老人。

山雨欲来风满楼

在诗人许浑任职监察御史的时候，大唐王朝已经迈过了鼎盛时期，逐渐走向没落。一个傍晚，诗人登上咸阳古城楼，举目俯视这座历史名都，不由得想到当下的国运形势，吊古伤今，写下了这首名作。

咸阳城东楼

（唐）许浑

一上高城万里愁，蒹葭杨柳似汀洲。

溪云初起日沉阁，山雨欲来风满楼。

鸟下绿芜秦苑夕，蝉鸣黄叶汉宫秋。

行人莫问当年事，故国东来渭水流。

一学就会

"山雨欲来风满楼"，本义是暴风雨降临前的紧张征兆，多用引申义。比喻形势紧张，即将有重大事情发生所产生的紧张感和压迫感。

比如有人犯了很严重的错误，老师站在讲台上，面沉如水，同学们吓得大气也不敢出，此种情景，正是"山雨欲来风满楼"。——雷霆怒火就要爆发了。

诗人登上高楼举目四望，便涌上了万千愁绪，为什么呢？因为远远望去，城中河边的芦苇和杨柳竟和故乡江南有些许相似。眼见着秋日就要西下落幕，乌云浮上天边，山雨似乎就要到来，呼呼的劲风吹刮着整个城楼。

在一阵动荡萧瑟的氛围中，诗人看见昔日的秦汉宫殿人去楼空、异常荒凉，如今只剩下鸟儿在杂草中穿梭、秋蝉在枯黄树叶间鸣叫。人们已经无须再问当年这里的繁华模样了，盛世一去不复返，即使这都城依旧存在，唯一不变的，也仅仅是渭水依然不停歇地向东流去。

【名句赏读】

"山雨欲来风满楼。"天边的霞光渐逝，山雨就要逼近。秋日里凄风萧瑟，即使疾风为"虚"，来无影去无踪，但此刻仍像是"实"物，填满了整个高楼，让人无处躲避。

暴风雨来临前夕，急切、紧张的氛围被诗人捕捉到了，"山""雨""楼"都是再普通不过的意象，但结合整首诗的基调，这突如其来的风雨倒像是在形容危机四伏中的晚唐王朝。

作文举例

高考即将到来，平稳心态很重要。如果说内心的紧张感是"山雨欲来风满楼"，那熟练掌握的知识就是我们能防风挡雨的最好护具。

当时的政权处于风雨飘摇中，朝堂中人昏庸腐败，各地的农民起义一浪高过一浪。诗人作为当朝官员，内心惶恐但又无能为力。对他而言，所处的时代就像是这座城楼，一场暴雨、一阵狂风随时可能将其摧毁，眼前荒芜的秦汉旧阁仿佛预示着唐朝的明天。

"日暮酒醒人已远，满天风雨下西楼。"

在《谢亭送别》中，诗人许浑同样用到了"风雨"和"楼"的意象，但表达的情感不是国恨而是离愁：傍晚酒醒后发现友人已经远离，满天风雨中我落寞地走下西楼。"满天风雨"凸显了诗人形单影只的孤寂形象和怅然心情。

"黑云压城城欲摧。"

出自唐朝诗人李贺的《雁门太守行》。李贺描写战争来临之前的景象：乌云滚滚，逼近城池，城池像是要被摧塌了一般。这种氛围跟"山雨欲来风满楼"很相似，可以用来描写自然景象，也可以用来比喻氛围。

东边日出西边雨，道是无晴却有晴

在今天，"双关"依然是一种常用的修辞手法，特别是谐音双关，从古到今被广泛运用，也就是我们说的"谐音梗"。

下面这首诗便是古诗词中谐音双关的代表作品，一个"晴"字道尽内心无限"情"意。

竹枝词二首·其一

（唐）刘禹锡

杨柳青青江水平，闻郎江上唱歌声。

东边日出西边雨，道是无晴却有晴。

一学就会

"东边日出西边雨，道是无晴却有晴。"应用时，可以使用诗中的本来意思，表达某种不确定、难捉摸，似是而非的感觉。

也可以稍作延伸，强调在看似无情的关系中，却终究藏有深情。比如有些父亲不善言辞，拙于表达，把爱埋在心底，因而在父子关系中显得很冷漠，然而你若能细细品味他的很多行为，会发现其中深沉的情感，可谓"道是无晴却有晴"。

江水微漾，杨柳青青，江上传来心上人的歌声。女子心想：他是为我而来吗？他可是在为我歌唱？他的心意难以捉摸，就像这天气，东边日出西边雨，说是下雨却又放晴。

这首诗字句朴实而情感丰沛。晴雨的"晴"字，谐音情感的"情"。女子的迷惘、期待和忐忑不安，在字里行间展露无遗。

这类谐音双关的用法多出现在古代的民间情歌中，刘禹锡以民歌调《竹枝词》重新填词，创作出了这首清新而富有生活气息的传世名作。

【名句赏读】

"东边日出西边雨，道是无晴却有晴。""晴"也写作"情"。这两句说的是寻常可见的生活现象，读起来朗朗上口，谐音又使它韵味深长，越品越有味道，难怪它总能让人一见便心喜。

作文举例

人非草木，孰能无情？人们一边批评着世风日下，人与人之间越来越冷漠，另一边见到有人需要帮助时，却又会不由自主地伸出手去扶一把，也经常见到一方有难、八方支援的场景。所以说，"东边日出西边雨，道是无晴却有晴"，这世间，从来就不曾真正缺少互助和真情。

"懊恼人心不如石，少时东去复西来。"

出自刘禹锡《竹枝词九首·其六》，人心为何不能像石头一般坚定呢？这样就不会意志动摇了。

"回首向来萧瑟处，归去，也无风雨也无晴。"

苏轼在《定风波·莫听穿林打叶声》一词中也写到"雨"和"晴"，但在他的笔下，无论下雨还是放晴，都不会影响他从容自在的心情。

语文加油站

长安米贵，居之不易

白居易初到京城长安，去拜访名作家顾况。顾况对他说："最近物价飞涨，长安米贵，居之不易呀！"白居易递上自己的作品，开篇就是："咸阳原上草，一岁一枯荣；野火烧不尽，春风吹又生。"顾况大为激赏，说："能写得这样的好诗，在长安生活就容易了！"

自在飞花轻似梦，无边丝雨细如愁

"好雨知时节，当春乃发生。"春雨如丝润万物，为生命带来生机。

但在宋代词人秦观的眼里，春雨却如忧、如愁，给人以怅惘之感。究竟是怎样的景色和心境，让他如此叹息呢？

浣溪沙

（宋）秦观

漠漠轻寒上小楼，晓阴无赖似穷秋。淡烟流水画屏幽。

自在飞花轻似梦，无边丝雨细如愁。宝帘闲挂小银钩。

秦观是宋代婉约派的重要词人，跟苏轼关系亲近，是"苏门四学士"之一。

年轻时，秦观是一个有远大抱负的人。但他后来在仕途上历经波折、屡受打击，不免心灰意冷、意志消沉。他的词

一学就会

"自在飞花轻似梦，无边丝雨细如愁。"春雨朦胧，落花飘零，似梦如愁。

这两句很美，适合用来描写一点小伤感、小惆怅的情绪。

作委婉细腻，情意饱满，不少词作中都离不开一个"愁"字。

在一个初春阴凉的清晨，词人独自登上了小楼，这恼人的寒意竟让他有种回到深秋的感觉。他环视四周，屋内，意境幽远的花屏上画的是淡烟流水，珠宝垂帘正挂在小银钩上。而在窗外，残花飘落在空中，像是在梦中自在飞舞；连绵不绝的细雨润染了满目春意，仿佛是在无声中悄悄侵入人心的愁意。

【名句赏读】

"自在飞花轻似梦，无边丝雨细如愁。"这两句对仗工整，并恰如其分地运用了比喻的手法，将个人情感融进了"飞花"和"丝雨"中，营造出了一幅漫无边际、飘忽朦胧、亦真亦幻的春日雨景。在词人的感觉中，这情景"轻似梦""细如愁"。

王国维《人间词话》说："以我观物，故物我皆著我之色彩。"正是因为词人的精神世界里有梦、有愁，才将这两种情感投射到了所见的景物上，帮他表达出内心的情感。

作文举例

这个春天，很多人因为疫情不得不闷在家里，守着一灯一窗一电视，苦不堪言。桃花还没来得及被人赏看，就开始飘落；雨水也多，隔几天就淅淅沥沥地来一场。这次第，真是"自在飞花轻似梦，无边丝雨细如愁"。

"青鸟不传云外信，丁香空结雨中愁。"

五代时期的词人李璟，在作品《摊破浣溪沙·手卷真珠上玉钩》中，用雨中飘零憔悴的丁香花，引出了自己的伤春之情。

"随风潜入夜，润物细无声。"

这两句熟悉的诗句来自杜甫的《春夜喜雨》，诗中将春雨拟为善者，悄然无声地在夜里滋养万物，不图赞扬和回报，传递的是一种正向、乐观的情感。

语文加油站

酸酸甜甜都是曲

元朝有个散曲作家徐再思，因为喜欢吃甜食，自号"甜斋"。同一时代又有一位散曲作家贯云石，爱吃酸，自号"酸斋"。两人都颇有文名，后人便将两人的作品编在一起，书名便叫《酸甜乐府》。

沾衣欲湿杏花雨，吹面不寒杨柳风

"人逢喜事精神爽"，人心情好的时候，往往看天是晴、看水至清，什么都是充满正能量的。在温暖和煦的春天里，诗人乘船出游，满目春光，十分惬意。

绝句

（宋）释志南

古木阴中系短篷，杖藜扶我过桥东。

沾衣欲湿杏花雨，吹面不寒杨柳风。

诗人乘船前来踏春，抵岸后将小船拴到古树的阴影处，拄着拐杖走过了小桥。沿途是盛开的杏花、嫩绿飘拂的杨柳，

一学就会

"沾衣欲湿杏花雨，吹面不寒杨柳风。"是一句典型的写春景的句子，穿插了对春雨和春风，以及杏花、杨柳等意象的描绘，可直接用于形容类似的环境或场景。

在今天的使用中，"雨"和"风"也可以作更宽泛的理解。比如听了一场醉人的音乐会，那感觉有如"沾衣欲湿杏花雨，吹面不寒杨柳风"。

细雨丝丝，微风柔柔，尽显春意盎然和游人的惬意。

【名句赏读】

"沾衣欲湿杏花雨，吹面不寒杨柳风。"诗人并没有呆板地描写春景，而是用"沾衣欲湿"形容春雨，用"吹面不寒"形容春风，用动态方式展现春天的生动模样。

春光大好，更重要的是诗人的心情很好，才得以充分欣赏这蓬勃宜人的春景，体会微风细雨带来的别样幸福感。诗人巧妙地运用对景物的动态描绘，反向衬托出自己的喜悦心境，情景交融、相得益彰。

春日的傍晚，夕照蔼蔼，我们在公园里踱步，一阵细雨飘落，微风吹动了沿岸的柳叶，好一幅"沾衣欲湿杏花雨，吹面不寒杨柳风"的风光图。

更多佳句

"春风朝夕起，吹绿日日深。"

出自唐代诗人孟郊的诗作《连州吟》。春风日复一日，将周围的山川树木、嫩叶小草都"吹"得越来越绿了。

枯藤老树昏鸦，小桥流水人家，古道西风瘦马

若论"文中有画、画中有文"，这首作品一定是突出的代表。作者用短短的几句，便把一幅生动别致的郊外秋景图传神地描绘了出来，并且画中有景、景中含情，意境深远。

天净沙·秋思
（元）马致远

枯藤老树昏鸦，小桥流水人家，古道西风瘦马。
夕阳西下，断肠人在天涯。

一学就会

列锦的手法好学但不好运用，可选择几个意境先形成小景，再由几幅小景形成大景。还须注意的是，整个画面要有一个明确的思想主题，感情色彩要统一，不然就会变成"四不像"了。网络上曾经流行一句话，"空虚寂寞冷"，就是这种。

"枯藤老树昏鸦，小桥流水人家，古道西风瘦马。"一句话就是一幅画面，每一句都可以单独使用。

这首元曲小令写于马致远漂泊远行的路上，他虽然才情高远，但却终生不得志，经常要面临孤寂漂泊的生活。这首作品的灵感应该就是源于他在路上的所见、所感，而那个在天涯的断肠人或许就是他自己的缩影。

【名句赏读】

"枯藤老树昏鸦，小桥流水人家，古道西风瘦马。"三句话里，只包含了九个名词性的意象，没有多写一个字。这是用了列锦的表现手法，就是把美好的东西罗列出来，对于一幅画来说，就是往画中填充东西。但并不是把所有东西堆在一起就完了，堆砌的技巧很重要。在这首小令里，诗人将距离相近的意象分到同一句里。

首先他看到了远处，缠绕在老树上的枯藤，以及在树枝上栖息的乌鸦，"枯""老""昏"从字面上都透露出苍凉、萧瑟的情感色彩。

接着从自然转入尘世，小桥下的溪水潺潺流淌着，河边

作文举例

很多人都向往"小桥流水人家"的生活，但我更愿意待在城市里，我喜欢这里的麦当劳、比萨店，喜欢电影院、游乐场，也喜欢这里熟悉的朋友们。如果一定要换一种生活环境的话，我更想体验一下"古道西风瘦马"的意境，做一位游侠，骑着马闯荡江湖。

有几户茅屋人家，屋顶还冒着袅袅炊烟，有种岁月静好之感。

但这种亲切的烟火气却与诗人无关，将视线拉到近处，蜿蜒的古道上，一匹瘦马顶着寒凉的秋风、驮着主人的行囊艰难前行。

由意象组成的画卷已逐渐完整，现在唯独缺少的就是画中人。于是最后一句交代说：是时正值黄昏，夕阳的余晖散落在这幅带着哀愁的秋景中，主人公是一个漂泊在四方的孤寂之人。景、人、情合而为一，心物交融。

更多佳句

"楼船夜雪瓜洲渡，铁马秋风大散关。"

宋代陆游的《书愤五首·其一》中也用到了列锦手法，罗列六个名词，描绘了将士们在瓜洲渡击退金兵，在秋风中驰骋，收复大散关的热血景象。

蜡烛有心还惜别，替人垂泪到天明

我们都知道，高兴时会笑，难过时会想哭，但人的情绪往往是复杂又深沉的，内心的情感未必会真实表现出来。有时候，看似"无情"，却是因为太多情、太不舍，下面这首诗中的情感便是如此。

赠别·其二

（唐）杜牧

多情却似总无情，唯觉樽前笑不成。
蜡烛有心还惜别，替人垂泪到天明。

杜牧是个情种，在扬州期间，结识了不少歌伎。这首诗就是他升官离任前与歌伎告别时的赠别之作。

一学就会

"蜡烛有心还惜别，替人垂泪到天明。"可以用诗中本来的意思，含蓄地表达自己别离前的不舍心情。"蜡烛"可以替换成其他有相似特性的意象。

也可以用字面意思，重点在"替人"一语，为"蜡烛"抱不平，认为不值当。含贬义，有俗语"皇帝不急太监急"的意思。

内心多情，告别时却装作无情；爱有多深，内心的痛苦就有多深。表面虽装作无情，端起酒杯来，又得强颜欢笑，不然酒会就变得死气沉沉了。其中的矛盾，只有诗人才能体会。一个"似"，一个"笑"，写尽了诗人的痛苦内心。

痛苦到什么程度呢？诗人撇开人物，借桌上的蜡烛来道出内心："蜡烛有心还惜别，替人垂泪到天明。"那蜡烛燃烧流下的烛泪，不就是诗人心中的眼泪吗？两人依依惜别，喝到天明，蜡烛也就亮到天明，那流下的蜡油，堆积在烛台上，就是层层叠叠的泪啊。

【名句赏读】

"蜡烛有心还惜别，替人垂泪到天明。"诗人将无处消解的惆怅寄托在蜡烛上，蜡烛本无知觉，但诗人赋予它一颗"同情心"，让它替人痛痛快快地哭一场。

这种巧妙，别出心裁。

作文举例

春节过完，父亲又要离开我们，去遥远的城市工作。父亲离家的前一天晚上，突然下起了雨，雨声从小到大，像是从呜咽到号啕，就像我当时的心情。我早早钻进了被窝，听着雨声，心想这雨大概正是为我而来吧，它替我惜别，替我哭，"替人垂泪到天明"。

"执手相看泪眼，竟无语凝噎。"

还有一种临别不舍，是柳永在《雨霖铃·寒蝉凄切》中描写的，泪水不受控制地流了下来，心有千言万语，却怎么都说不出口。

"落红不是无情物，化作春泥更护花。"

这是清代诗人龚自珍《己亥杂诗》中的名句。在诗人的笔下，有情的不只是蜡烛，还有大自然中的花朵，它们零落成泥，滋养着更多的花。

此曲只应天上有，人间能得几回闻

唐朝时候的成都，市井热闹，文化繁荣，从皇亲贵族到平民百姓，都喜欢音乐。

但在那个年代，礼乐也有上下分明的等级，最高规格的管弦乐一般是皇家的特属，与民间无关。所以，在不是首都的成都，怎会有如此"天上仅有"的音乐呢？

原来，其中有一段辛酸往事。

赠花卿

（唐）杜甫

锦城丝管日纷纷，半入江风半入云。

此曲只应天上有，人间能得几回闻。

"此曲只应天上有，人间能得几回闻。"可用来称赞歌声或声音的美妙，比如歌手唱得太好听了，人间极品，我们可以用这句诗来称赞。

也可用作贬义，比如这音乐太"阳春白雪"了，我们听不懂，还是让它回天上去演奏吧。

使用中，"曲"也可以理解为意见、论调。比如：您这高见有几百层楼高，此曲只应天上有，人间能得几回闻！

四十七岁这一年，杜甫弃官入川，到了成都，在《成都府》中，他形容这座城："喧然名都会，吹箫间笙簧。"在成都几年平静的生活给了杜甫无限灵感，是他诗歌的高产期。

这首诗名为"赠花卿"，那花卿是谁呢？他是当时的成都府的一位部将，因为平叛立过功，但居功自傲、目无朝廷，做出了很多荒唐事，其中就包括在自己家里僭越演奏皇家音乐。这首诗讲的就是这件事。

成都府中，竟有能和皇家音乐媲美的管弦音乐，且日夜笙歌，让人惊叹。这乐声从花卿家的宴席中传出，亦真亦幻、悠扬动听，仿佛飘荡在锦江上，又好像已经随风钻进了云层。这等"行云流水"的绝妙乐音，简直是天上才有的圣乐，岂是我们人间凡夫能够随便听到的呢。

【名句赏读】

"此曲只应天上有，人间能得几回闻。"这首诗字面上是写美妙乐音的作品，而其"弦外之音"也是不可忽略的。

作文举例

听完这场在森林里举办的特别的演唱会，我的身心仿佛远离了尘世喧嚣，回归了最初的宁静。呼吸着树木嫩草的清香，感受着阳光的照耀，有鸟儿昆虫的天然"和音"。"此曲只应天上有，人间能得几回闻。"音乐重要，听音乐的环境也很重要。

闲居成都的这几年，杜甫虽不涉政事，但依然心系国事。"天上"象征着"皇宫"，花卿不顾礼仪制度，私自在家中演奏"天上"之乐，杜甫对此进行了婉转的讽刺。

更多佳句

"昆山玉碎凤凰叫，芙蓉泣露香兰笑。"

李贺在《李凭箜篌引》中形容乐工李凭奏出的音乐神奇，像是昆仑山上的美玉被击碎，又像凤凰在鸣叫；可以让芙蓉在露水中感伤哭泣，还可以让香兰开怀大笑。

"大珠小珠落玉盘。"

白居易的长诗《琵琶行》中，佳句很多，这一句形容琵琶弹奏出的声音，就像大小珠子接连落到玉盘里，那响声很动听。

感时花溅泪，恨别鸟惊心

抒情篇

山有木兮木有枝，心悦君兮君不知

　　《楚辞》是中国文学史上第一部浪漫主义诗歌总集。它具有浓厚的南方地域色彩，文字丰富多样，感情丰沛热烈。后人把这种诗歌风格称为"楚辞体""骚体"。清代赵翼的名句"各领风骚数百年"中，"风"指《诗经·国风》，"骚"就是"骚体"，指以《离骚》为代表的"楚辞体"。

　　这首先秦民歌《越人歌》，已不知道作者是谁，从风格上看，它也是"楚辞体"。

越人歌

佚名

今夕何夕兮搴舟中流，今日何日兮得与王子同舟。

蒙羞被好兮不訾诟耻，心几烦而不绝兮得知王子。

　　"山有木兮木有枝，心悦君兮君不知。"这两句朗朗上口，句式有趣，完全不必当成情诗来看。

　　比如，有些书晦涩难懂，读不明白，这时就可以对着书本诉苦："山有木兮木有枝，心悦君兮君不知。"——书上的字呀我都认识你，但你好像不认识我！

山有木兮木有枝，心说（通"悦"）君兮君不知。

春秋战国时期，楚国是南方的第一大国，楚共王的儿子子皙初到自己的封地鄂时，举办了一场声势浩大的游舟活动。热闹的场面和王子器宇轩昂的高贵气质，让在场的人们心生崇敬。在这场盛会上，有越人歌手为子皙倾情献唱了一首歌，经过楚国文字的翻译后，便形成了这首《越人歌》。

歌中唱出了对王子子皙的赞美，以及自己荣幸之至、诚惶诚恐的心情。"今夕何夕""今日何日"的重复，就像是现代人反复激动地强调："今天是什么日子呀！"

越人不敢相信能和王子同舟，更不敢相信竟还能跟他聊上两句、相互认识，巨大的喜悦让他甚至心绪不宁。喜悦之后是极度的不自信，他觉得自己这等人出身卑微，承蒙王子的错爱才有了今天的"高光时刻"。

作文举例

家里种了一盆三角梅，五年来我一直负责给它浇水施肥，悉心照料。连妈妈都"吃醋"地说："它只是一盆植物，你对它这么好，但'心悦君兮君不知'啊。"我却说："它一定能感受到的，它长得这么叶繁花盛，就是对我的回应！"

"山有木兮木有枝，心悦君兮君不知。"在越人心中，王子就像是天神一般的存在，于是他在歌的最后两句，倾吐了自己对王子的敬爱之情：山上有树，树上有枝丫，而我的心中有你，你却不知道。

看似简单、直白，但能给人轻快、热情的浪漫感觉。"山上有树，树上有枝丫"这件事，所有人都知道，但我喜欢你这件事，即使你就在我的面前，若我不说，你便不会知道。

越人将内心含蓄的情感，用直接的歌唱形式大胆表达出来，让惊喜和感动的效果加倍。"枝"同"知"同音，谐音双关，有以"枝"比"知"的叠加效果。

"入我相思门，知我相思苦。"

李白在《秋风辞》中说，只有真正陷入相思的人，才懂得相思是多么苦。"入我相思门"的说法很有意思，向李白学习，我们也可以建一个"学霸门"？

"知否，知否？应是绿肥红瘦。"

出自李清照《如梦令·昨夜雨疏风骤》。这句式也很有意思：你知道吗，你知道吗？这个时节，应该是绿叶繁茂、红花消瘦（枯萎）。

思君令人老，岁月忽已晚

　　《古诗十九首》是我国诗歌创作史上的一个重要篇章，南朝文学家萧统编选了一部《文选》，其中有十九首诗歌，艺术价值很高，但作者名字已无法知道，这些诗便合称"古诗十九首"。著名文学批评家、《文心雕龙》的作者刘勰，赞颂这些诗是"五言之冠冕"。

　　《行行重行行》是其中的一首，大约创作于汉末动荡流离的时期，全诗语言质朴，情感饱满而沉郁，透露着深深的苦闷和悲怆。

行行重行行

佚名

行行重行行，与君生别离。

相去万余里，各在天一涯。

道路阻且长，会面安可知。

　　"思君令人老，岁月忽已晚。"用于对一个人表达思念之情，而且是思念了很久。

　　比如与好朋友分离很久，不得见面。再见时难掩思念之情，可说："思君令人老，岁月忽已晚。我等到花儿也谢了！"

胡马依北风，越鸟巢南枝。

相去日已远，衣带日已缓。

浮云蔽白日，游子不顾反。

思君令人老，岁月忽已晚。

弃捐勿复道，努力加餐饭。

　　时局动荡，女子与丈夫也经受了分离，丈夫离开时的背影似乎还在眼前，但如今的他已经走啊走啊，越走越远，两人就这样被分开了。从此相隔了千万里，在天涯两边。女子无时无刻不在想着跟丈夫见面，但路途是那么艰险、那么遥远，见面谈何容易？

　　女子独居家中，又想到了北方的马和南边的鸟，北方的马虽到了南方，却仍然依恋着北风；南方的鸟虽在北方筑巢，鸟巢也向着南方，游子到哪里都是眷恋着自己的故乡的。但有什么办法呢？和丈夫分别的这些日子，人越发消瘦了，衣服显得越发宽大，但他还是没有回来。

作文举例

　　奶奶和爷爷相知相爱很多年，几年前爷爷去世了，奶奶很悲伤，人也沉默了很多。今年春节的时候，全家照合影，看着照片，我突然发现奶奶这一年似乎老了很多。我想起那两句诗："思君令人老，岁月忽已晚。"奶奶一定是太思念爷爷，我不由得觉得好心疼。

女子越想越伤心，眼看着一年又要到年关，才发觉自己又长了一岁，不禁感慨：等你、想你都让我变老了。心里还有很多话都不知该怎么说，便不说了吧，只愿你不受饥寒折磨，多多保重自己。

【名句赏读】

"思君令人老，岁月忽已晚。"思念给时间加上了翅膀，想着想着你，我就老了；想着想着你，不知不觉又想了一年！

"老"，不仅仅是指容颜，也指女子消瘦的身体和枯萎的内心。

"岁月忽已晚"，既可以是一年到了岁尾，也可以泛指时间已经过去了很久。

"长相思兮长相忆，短相思兮无穷极。"

你带来的是永久的回忆和相思，哪怕只是短短想念一下，也会勾起无穷无尽的相思。这是李白在《秋风词》中写下的相思。

"一日不见，如三秋兮。"

出自《诗经》，常写作"一日不见，如隔三秋"。这是因思念而感觉时间过得极慢，才一天没见面，却好像已经很久没见面了。"三秋"，说法不一，有人认为是三年，有人认为是一个月（秋天的第三个月），也有人认为应该是三个季度，总之是时间很长。

其中字数无多少，只是相思秋复春

　　李白是一个非常注重友情的人，在他的诗作中，不少是赠予朋友的。有的出自离别之苦，有的写于觥筹交错之欢，他丝毫不掩饰自己对朋友的真情实感，所以这些作品饱含深情厚谊，充满了浪漫主义色彩。

　　下面这首诗就是其中之一，李白给友人的信中，寥寥数字却深藏着无尽思念，让人不能不动容。

赠汉阳辅录事二首（其二）

（唐）李白

鹦鹉洲横汉阳渡，水引寒烟没江树。

南浦登楼不见君，君今罢官在何处？

汉口双鱼白锦鳞，令传尺素报情人。

其中字数无多少，只是相思秋复春。

一学就会

　　"其中字数无多少，只是相思秋复春。"易于理解，意境却很深远。不管是对父母、对爱人、对朋友，都能用这两句诗表达满腔的思念。对方一看就懂，不会觉得你在咬文嚼字，同时一定会被你传达出的从春到秋，又从秋复到春的思念所感动。

这首诗写于李白听说好友——汉阳辅录事罢官之后，诗人站在南浦高楼上远望，急切地想知道友人的行踪。眼前汉阳渡口上孤单的鹦鹉洲，和被水上寒烟层层笼罩的树林，加深了诗人的思念。

诗人想给友人送去白锦鳞鱼，想给他送去至诚的书信，但信中的寥寥几字，怎么能完整表达自己此刻想说的话呢？

【名句赏读】

"其中字数无多少，只是相思秋复春。"

这句诗胜在通俗，胜在平常，每个人读了就能懂，读了就能拿来用。

诗人说：我给你的信，虽然写得很短，字数没多少，但是我对你的思念，却长而又长，像从秋天又转到春天那样长！

——收到这样的思念，你还会计较信写得太短吗？当然不会，信短情浓！

作文举例

在外读书这三年，只有寒暑假才能回家。电话沟通看不见摸不着，为给父母慰藉，我渐渐养成了每月寄一封信回家的习惯。虽然信都写得不长，"其中字数无多少，只是相思秋复春"。

"天涯地角有穷时，只有相思无尽处。"

这是宋代晏殊词作《玉楼春》中的名句。天涯地角，何其遥远、广阔，但是再远再广也有边际；只有我对你的思念，无边无际，没有尽头。

"相恨不如潮有信，相思始觉海非深。"

出自白居易《浪淘沙》。诗人别出心裁地说：我恨你时，恨你不守信，还不如潮涨潮落那样总有规律可期；我想你时，想你深似海，却突然发觉比起我对你的思念来，海水也算不得深沉！

一种相思，两处闲愁

提到古代第一才女，不少人都会想到宋代女词人李清照。而提到李清照，就不得不提她作品中的"愁"。李清照后期所作的词句，多描写颠沛流离的生活和孤苦哀伤的情思，文笔清丽、情调伤感。光是写愁，就有"载不动许多愁""这次第，怎一个愁字了得"等。

这里的"一种相思，两处闲愁"，却是李清照前期的作品，并非"哀愁"，而是"离愁"；另外，它还实现了空间上的延伸，一处"愁"，因为相思而变成了两处"愁"。

一剪梅

（宋）李清照

红藕香残玉簟秋。轻解罗裳，独上兰舟。云中谁寄锦书来，雁字回时，月满西楼。

花自飘零水自流。一种相思，两处闲愁。此情无计

这两句词描写的是因思念而起的离愁，而相思往往是两个人的事情，于是这份"愁"也是双份儿的。当你和另一人同时陷入这样一种"闲愁"中时，也可以借用这句话表达出来。相信对方和你会有同样的感觉。

可消除，才下眉头，却上心头。

年轻的李清照嫁与意中人赵明诚，二人伉俪情深。但好景不长，因为父亲李格非在党争中蒙冤，李清照受到牵连，须时常还乡，和丈夫分离，饱受相思之苦。这首词即作于此时。

秋天到了，荷花残了，香气也已消散，竹席冰凉如玉。轻轻地解开罗绸衣裳，独自登上了那艘精致的小船。那白云舒卷处，谁会寄来锦书呢？应该是雁群排成"人"字南归的时候，是时月光皎洁侵人，洒满这西边独倚的亭楼。落花径自飘零着，水径自流淌着。我们两人（她和丈夫）患着同一种相思，即使分隔两地，也牵动着彼此的忧愁。这种愁苦没有办法排遣，刚从微蹙的眉间消失，又隐隐地缠绕上了心头。

【名句赏读】

"一种相思，两处闲愁。"在这里是指李清照和丈夫赵明诚由于分隔两地，不能相互倾诉，同样的相思之苦牵动着两地的愁闷，像是"愁"也有两份儿似的。

作文举例

"一种相思，两处闲愁。"即使时差七八个小时，她依然坚持每天睡前给在国外的哥哥发一句"晚安"，聊以互慰。她愿意承受与家人的分离，只因希望再次团聚时，她可以成为更好的自己。

——人们常说"心有灵犀"，当一人用情地想着另一人时，另一人也会玄妙地心有觉察。词人用短短八字，将这种玄妙现象说破，让饱受相思之苦的人们更觉得有了心灵的慰藉。

"闲愁"可理解为无端的忧愁。

"深知身在情长在，怅望江头江水声。"

李商隐在诗歌《暮秋独游曲江》中感慨道：只要尚在人世，这情意必定永存，眼前只有这流不尽的江水声陪我一同惆怅了。

狂风吹我心，西挂咸阳树

当我们想念某个人时，恨不得跟着去他所在的地方；当我们想念某个地方时，恨不得变成那里的一棵树、一间房、一只鸟。

这首诗中，李白用他的巧笔妙思，抒发了这样一种情怀。

金乡送韦八之西京

（唐）李白

客自长安来，还归长安去。
狂风吹我心，西挂咸阳树。
此情不可道，此别何时遇。
望望不见君，连山起烟雾。

唐玄宗天宝八年（749）春，李白游览齐鲁大地，在金乡遇到友人韦八。韦八来金乡做客，不久便要回到长安。两人

一学就会

若你也想用特别的方式表达自己对某人的恋恋不舍，"狂风吹我心，西挂咸阳树"是很不错的选择。"咸阳树"也可被替换成其他地点。

匆匆一见，又要分开。此次告别，又不知何时才能相见，两人依依惜别，心中有千言万语却没有多说，似乎有一种"尽在不言中"的默契。

诗人远远望着韦八越走越远，身影消失在山林间，视线里只剩下西边的层峦叠嶂，不知不觉在原地站了很长时间，山间的烟雾渐渐升起、萦绕，越发深重了。

全诗语句自然、朴素，像是日常白话，却又很打动人心。

【名句赏读】

"狂风吹我心，西挂咸阳树。"这两句脍炙人口。

"狂风"并不一定指送别时有很大的风，而是比喻诗人如狂风过境的跌宕心情。而"西挂咸阳树"以一种虚拟的方式，表示自己想跟着友人，一同去到他生活的地方。

若能常伴友人左右，哪怕被挂在长安城的一棵树上，远远观望也是开心的。诗人用这一有趣的设定，突显出自己的依依不舍之情。

"咸阳"，代指长安。

作文举例

短暂一聚，很是不舍，此时如"狂风吹我心"，我只愿能随你春淋江南雨、夏沐扬州风，只要在你身边，怎样都是好的。

> "我寄愁心与明月，随君直到夜郎西。"

　　李白和王昌龄是好友，听说好友被贬龙标，他写下了著名的《闻王昌龄左迁龙标遥有此寄》一诗，其中"我寄愁心与明月，随君直到夜郎西"两句，跟"西挂咸阳树"有异曲同工之妙：我将一片深情托付于千里明月，随着你一路到达目的地。

语文加油站

诗人杜审言狂傲

　　杜审言是杜甫的祖父，为人特别狂傲。一次，杜审言参加一个考试，诗人苏味道是阅卷官。考完后，杜审言说："这次苏味道一定会死了。"旁人听了大吃一惊，只听杜审言又说："苏味道见了我的文章，一定会羞愧而死！"

此时相望不相闻，愿逐月华流照君

　　唐朝诗人张若虚，一生只留下两首诗作，但仅凭一首《春江花月夜》，他便"孤篇横绝，竟为大家"。

　　这首诗在中国文学史上有着重要地位，现代著名文学家闻一多称它是"诗中的诗，顶峰上的顶峰"。诗中内容几乎都离不开月亮，其中"此时相望不相闻，愿逐月华流照君"两句，不局限于月亮的"形"，而是以"月"寄情，诉说着相思之苦。

春江花月夜

（唐）张若虚

　　春江潮水连海平，海上明月共潮生。滟滟随波千万里，何处春江无月明。

　　江流宛转绕芳甸，月照花林皆似霰。空里流霜不觉

　　一学就会

　　"此时相望不相闻，愿逐月华流照君。"也可以理解为"我愿意随着这月光飞到你的身边"。适合用在思念某人而不得见的情况。想念亲人，想念朋友，都可以跟对方说："你在他乡还好吗？此时相望不相闻，愿逐月华流照君。"

飞，汀上白沙看不见。

江天一色无纤尘，皎皎空中孤月轮。江畔何人初见月，江月何年初照人。

人生代代无穷已，江月年年只相似。不知江月待何人，但见长江送流水。

白云一片去悠悠，青枫浦上不胜愁。谁家今夜扁舟子，何处相思明月楼。

可怜楼上月徘徊，应照离人妆镜台。玉户帘中卷不去，捣衣砧上拂还来。

此时相望不相闻，愿逐月华流照君。鸿雁长飞光不度，鱼龙潜跃水成文。

昨夜闲潭梦落花，可怜春半不还家。江水流春去欲尽，江潭落月复西斜。

斜月沉沉藏海雾，碣石潇湘无限路。不知乘月几人归，落月摇情满江树。

古代的夜晚静谧漆黑，除了点点烛火之外，月亮是这天地间唯一的光源。自古以来，月亮都是人们歌颂的对象，与太阳的热烈不同，月亮往往寄托着人们更隐晦、悠长的情感。

作文举例

君在漠河以北，我在国境之南，共赏一轮明月。"此时相望不相闻，愿逐月华流照君。"

温柔的月亮很容易引发人的愁思，就像诗中的思妇和游子一样，他们两地分隔，牵扯出相思别愁。春天的夜晚，江水、明月、岸上花，"江天一色""明月共潮生"的图景让人不禁发问：是谁最初在江边见到了月亮？月亮从哪一年开始照耀人们？人类一代代地更迭，只有江上的月亮还和往年的一样。

　　如今，游子就像一片白云渐渐远去，只留下思妇还站在离别的青枫浦上独自忧愁。月光照在思妇的卷帘上，眼前的任何景色都能成为她思念游子的催化剂，因此才有了前面对良辰美景的渲染以及对世事无奈的发问。

【名句赏读】

　　"此时相望不相闻，愿逐月华流照君。"将妇人思念游子的柔软心境展露无遗。妇人望着眼前壮丽的春夜江月之景，不由得想到远在他乡的爱人，相思难以消解，只好自我安慰道："你我此刻或许正一同望着月亮，却无法感知彼此，不如就让我对你的情意跟随绵长的月光，一起到达你的身边吧。"

更多佳句

　　"家住层城临汉苑，心随明月到胡天。"
　　临近新年，诗人皇甫冉的心被边疆战事牵动着。即使家就住京城，但心已经跟随明月飞到了遥远的胡天。《春思》中的这两句同样是借"月"抒怀。

青山一道同云雨，明月何曾是两乡

　　自古多情伤离别，从古至今，"别离"都是诗词中常被提及的话题。说到别离，就离不开一个"远"字，毕竟"离愁渐远渐无穷"，距离越远，越能勾起无尽的思念。但是唐朝诗人王昌龄的名作《送柴侍御》，并不按常理出牌，却是以"近"写离别。

送柴侍御

（唐）王昌龄

流水通波接武冈，送君不觉有离伤。
青山一道同云雨，明月何曾是两乡。

　　这首诗是王昌龄在被贬龙标（今湖南省洪江市）当县尉时所作，从诗中内容推断：柴侍御可能是王昌龄的朋友，需要从龙标前往武冈（今湖南省武冈市），王昌龄因此为他送行。

一学就会

　　当你要和好友分别，但不想把场面搞得太凝重、伤感时，就可以引出这句诗，并为他讲解一二。朋友绝不会错认为你很无情，反而可能因为你彼时念出的这句诗，让他在登山望天，或是深夜赏月时，都能想起你来。

"侍御"并不是人名，而是官职名。

朋友要离开，长时间不能见面，自然不舍。前两句诗人首先用"流水"表意，"通"字流畅轻快，意为"连通"。流水将龙标和武冈两地相连，比邻之距，难阻情谊，因此不觉得太过伤感。

第三、四句诗中，"一道"可理解为"一起"，这两句诗的意思是：你我所处的青山都同在一片天空、风雨之下，还能同望一轮明月，怎能算是分隔两地呢？

【名句赏读】

"青山一道同云雨，明月何曾是两乡。"特别适用于离别赠言。

诗人要和朋友分隔两地了，但他并不着重渲染离别的伤感，而是另辟蹊径，充分发挥了想象，用"流水""青山""明月"等意象告诉友人：虽然我们分隔两地，但能同望一片天，同赏一轮月，这点儿距离根本阻挡不了我们的同心之情。这

作文举例

多年同窗，朝夕相伴，如今匆匆一别，不知何时才能重聚。我们为了共同的信念，怀抱着相似的理想，奔赴不同的战场，去披荆斩棘、去建立荣光。不要伤感，不要不舍，"青山一道同云雨，明月何曾是两乡"。待到又一个盛夏时节，我们重返母校，带着彼此崭新的故事和骄傲相聚。

样既积极乐观地宽慰了友人，又将深厚真挚的情谊和日后的思念渗透在字里行间了。

2020 年新冠肺炎疫情肆虐之际，日本友人向中国捐赠物资，并附上了这一诗句，让国人在感动之余，也惊艳于这句诗运用得恰到好处。这种距离难以隔断的情谊不仅能用在人与人之间，也能用于民族与民族之间、国家与国家之间。

"海上生明月，天涯共此时。"

出自唐朝张九龄《望月怀远》，与"青山一道同云雨，明月何曾是两乡"有近似之处：当大海之上明月升起，你我远在天涯，却共守此刻、共望此景。

世间无限丹青手，一片伤心画不成

题画诗是古代一种常见的艺术形式，根据一幅画来题写诗句，类似今天的看图说话或作文。比如人人都背诵过的"远看山有色，近听水无声。春去花还在，人来鸟不惊"，就是一首题画诗，作者王维，诗的标题就是《画》。诗人用四句诗，不但把画中的内容描述了出来，更是把画的特点也概括了出来——

再远的地方，山能看到色彩；耳朵凑近去听，却听不到水流的声音；不论春夏秋冬，画上的花始终不变；人声喧哗，树上的鸟却一点也不害怕。

一学就会

"世间无限丹青手，一片伤心画不成。"诗句中蕴含一种深深的叹惜，字面上是说伤心画不出来，内里是说一个人很伤心。

比如，看到有人撕心裂肺地哭泣，就可以引用这句诗，既表达了自己的同情，也传递出一种感叹：一个人怎么可以伤心到这种程度！

当然，受了委屈，考试考砸了……你也可以自嘲："我太难了！世间无限丹青手，一片伤心画不成。"

"伤心"也可以替换为其他词，比如孤独。

为什么呢？因为画是静止的、不变的；画是具象的，它画不出抽象的情绪、声音、味道……

金陵晚望

（唐）高蟾

曾伴浮云归晚翠，犹陪落日泛秋声。

世间无限丹青手，一片伤心画不成。

这是一首题画诗，画的主题是金陵（南京）。金陵作为六朝古都，有很多历史故事在这里发生，所以诗人说：金陵城曾历尽风云变幻，见过日暮时的浮云、山色，也在秋天里陪着夕阳西下，但是这世上无数的绘画高手，却没人能画出金陵城的伤心。

也有人说，诗人说的是自己此刻的伤心。诗人从金陵城

作文举例

我们家，爷爷奶奶重男轻女，喜欢弟弟不喜欢我。爸爸妈妈也是爱弟弟多过爱我。今天晚上吃饭的时候，因为一点小事，妈妈又狠狠地骂了我一顿。我饭也没吃，躺在床上，觉得很委屈、很伤心。"世间无限丹青手，一片伤心画不成。"以前看书、看电视，也有人说不被爱的孩子有多可怜，当事情真的落到自己身上，才觉得那些说法都太轻巧。真正的伤心，别人是不会懂的。

的沧桑想到所处的时代现状，唐帝国正处于风雨飘摇之中，有日薄西山之兆。

【名句赏读】

"世间无限丹青手，一片伤心画不成。""丹青手"，指画师。人们能画下城池，画下浮云、落日、傍晚的天色，或者画下苦难中挣扎的人们，这些都是具象，是一幅画能够画下来的。但还有一些东西是一幅画画不出来的，比如情绪、声音、味道。

当然，诗人并不是要探讨绘画的技巧或局限，而是借画来抒发更深沉的感喟：行走在这充满历史感的城市，或者阅读古代的书籍，人们看得见砖墙建筑，看得到历史人物和故事，但是更多的悲欢离合，却散落在时间之中，无人能够感同身受。

更多佳句

"谁谓伤心画不成，画人心逐世人情。"

这是诗人韦庄对"一片伤心画不成"的反驳。韦庄认为，伤心是可以通过绘画画出来的，只要画师抱着足够的理解与同情，深入人心。

"一片闲愁，想丹青难貌。"

出自宋代词人柳永的《尾犯·夜雨滴空阶》，意思和"一片伤心画不成"是一样的。

感时花溅泪，恨别鸟惊心

　　家国情怀是杜甫诗歌中的永恒主题，国家命运的起伏跌宕牵动着杜甫的心绪，特别是在安史之乱后，社会动荡让他十分担忧，《春望》这首诗便写于这个时期。

春望

（唐）杜甫

国破山河在，城春草木深。

感时花溅泪，恨别鸟惊心。

烽火连三月，家书抵万金。

白头搔更短，浑欲不胜簪。

　　安史之乱时，叛军攻下长安，唐肃宗在灵武即位，杜甫

一学就会

　　"感时花溅泪，恨别鸟惊心。"诗人将"花"和"鸟"作为内心情感的寄托，表达出极度的愁绪和悲痛。

　　生活中，当一个人心情不好时，对外在环境的感受也会发生变化，觉得花、鸟这样美好的事物也和自己一样，悲伤、哭泣。这种时候，正好可以引用这两句诗。

将家小安顿在羌村后，便前去投奔肃宗。岂料在途中被俘，后来才得以走脱。

动荡的政局和接连的战事搞得人心惶惶、民不聊生。次年三月，杜甫身处满是疮痍的国都长安，感慨于这里的山河依旧，但城池却异常残破，乱草遍野，一片苍凉景象。连绵的战火让音信也中断了，一封家书甚至抵得过万两黄金，诗人的白发也因愁绪越搔越少，竟连发簪都插不上了。

【名句赏读】

"感时花溅泪，恨别鸟惊心。"望着这昔日繁华热闹的国都如今的破败惨象，杜甫悲由心生。这两句诗是对这种悲痛更深切的表达方式。花和鸟本是让人愉悦、开心的事物，

作文举例

失去亲人的悲痛难以言状，在很长一段时日里，他常常偷偷垂泪，看什么都觉得悲伤，"感时花溅泪，恨别鸟惊心"。

书上说，青春期的人，最容易多愁善感，伤春悲秋。明明是很欢快的歌曲，也能听出一缕斩不断的忧伤；看见花，觉得花在溅泪，看到鸟，觉得鸟也惊心。作家三毛称之为"雨季"，并写了《雨季不再来》一书。很庆幸，我的这种情绪"雨季"很快就过去了。少年人，当心如花木，向阳而生。

但由于国仇家恨在心，花和鸟似乎也有感应，会因感伤而流泪，因恨别而惊心。诗人移情于物，寄托了自己忧虑国事、思念亲人的复杂情感。

"抽刀断水水更流，举杯消愁愁更愁。"

这是李白《宣州谢朓楼饯别校书叔云》中的名句。诗人将无尽的愁苦比作连绵不绝的流水，越想将其斩断，它偏偏流得更快、更急切。

人生自是有情痴，此恨不关风与月

　　花开花谢终有时，人亦终有一别，这似乎是天地间无法改变的规律。但无论面对的是什么，人类的主观感受一直不曾停歇，感受于心，体现于情。人非草木，孰能无情，所以要问：究竟是什么在控制我们的情感？是什么原因让人类生发出爱、恨、痴狂、迷恋，等等？

　　下面这首词中，北宋政治家、文学家欧阳修就发出了类似的提问。

玉楼春

（宋）欧阳修

尊前拟把归期说，未语春容先惨咽。

人生自是有情痴，此恨不关风与月。

一学就会

　　"人生自是有情痴，此恨不关风与月。"这两句是写情，却又不仅仅写情，它渗入词人对世事的思考，体现了对"物""情"关系的认知和反思。

　　当我们想表达"情不知所起"的意思时，可以用到这句。

　　当我们想感叹某人的痴情时，也可以使用这句。

离歌且莫翻新阕，一曲能教肠寸结。

直须看尽洛城花，始共春风容易别。

　　在饯别的酒宴上，与佳人举杯对饮，想约定重逢的归期，谁知"欲语泪先流"，佳人如春风拂面的娇容，却在低声哽咽。

　　情之所向，怎一个"痴"字了得？词人虽也为情所困，但他开始反思：一个人情到深处，看到这吹拂的夜风，这空中明月，会情不自禁地惆怅，但是细想又发现，我们的惆怅、痴狂，却并不是因为这风、这月。风和月只是触发情感的引子，并不是情感产生的原因。

　　"情"之一字，为人心所独有，情起情灭不由人。关于离别的歌已经不忍再听了，不如一起赏遍洛阳的牡丹花，共享迷人春景，这样离别时的伤感，才会随着春风一道淡淡消散。

【名句赏读】

　　"人生自是有情痴，此恨不关风与月。"这两句给了后人新的启发和思考：风和月并不能感知人类的痴情，那痴情

　　火车一刻不歇，追着残月和星辰一路向南，深夜沉寂的车厢里只我一人，迎着凉风和泥土气息发愣。"人生自是有情痴，此恨不关风与月。"我无法读懂月亮的圆缺，正如它无法领悟我对梦想的痴迷。

从何而来呢？

这让人想起晚清文学家况周颐在《蕙风词话》中说的："吾观风雨，吾览江山，常觉风雨江山之外，别有动吾心者。"我们听风声、看雨落，我们游览山河，都会觉得心动；但是我又怀疑我们之所以会有心动，其实不在这风雨，不在这江山，而是因为别的某种东西。

更多佳句

"圣人忘情，最下不及情，情之所钟，正在我辈。"
　　这是《世说新语》中的名句。圣人是不会为情所困的；而底层人民为生计所扰，也顾不上情；最与"情"脱不了干系的，就是像我们这样的人。"情之所钟，正在我辈"，成为世间无数有情之人的"口头禅"。注意，"情"并不只是特指爱情，而是泛指一切情感。
　　"问世间情为何物，直教生死相许。"
　　出自金元之际词人元好问的《摸鱼儿·雁丘词》。作者也发问：不知道这世上"情"之一物到底是怎么回事，却偏偏就这么让人奋不顾身、生死相许。

曾经沧海难为水，除却巫山不是云

　　唐朝诗人元稹，和另一位诗人白居易，合称"元白"。

　　元稹做过宰相，虽然在今天的知名度远不如白居易，但在情诗创作上确有别才，他的不少佳句，今人都耳熟能详。

离思五首·其四

（唐）元稹

曾经沧海难为水，除却巫山不是云。

取次花丛懒回顾，半缘修道半缘君。

　　这是诗人怀念自己已故妻子的组诗之一。诗人说：

见过沧海，别处的水不可称为水；

除却巫山，别处的云不可称为云。

一学就会

　　"曾经沧海难为水，除却巫山不是云"，虽是情诗，但也可以用在别的方面。比如一个人经历了特别刺激、精彩的冒险后，就会觉得平淡的每一天都不配再称为"生活"，而都只是"日子"，是日历上的一页纸而已，无滋无味，无聊无趣。这种感觉，就是"曾经沧海难为水"。

我走过鲜花丛中，目不斜视，

这一半是因为我清心寡欲的品性，

一半，却是因为你。

【名句赏读】

"曾经沧海难为水，除却巫山不是云"，在千年情诗名句排行榜上，应可排进前十。

诗人说，经历过最热烈的爱情之后，再无爱情。

这份痴情，情有独钟，千百年来不断地激起多情人的共鸣。

作文举例

"曾经沧海难为水，除却巫山不是云。"乡村的童年没有碰碰车，没有动物园和生日聚会，但那种充实和快乐的感觉却是独一份的，甚至强烈到仿佛只有这样，才是童年！

更多佳句

"死生契阔，与子成说。执子之手，与子偕老。"

这是《诗经·击鼓》中的名句。诗人说：生死不渝，这是我们的誓言；拉着你的手，一起到老。这两句诗，最初是战场上的士兵之间互相托付生命的誓言，后来多用于描写男女间深沉的感情。

有美一人，婉如清扬

记人篇

有美一人，婉如清扬

古代，人们对婚恋情爱的表达大多是比较含蓄的，但《诗经》中的这首情诗，则把小伙子对美女直率而坦荡的爱和赞美，和盘托出，美景、美人、美情，构成了一幅因美而生的春日丽人图。

野有蔓草

野有蔓草，零露漙兮。有美一人，清扬婉兮。邂逅相遇，适我愿兮。

野有蔓草，零露瀼瀼。有美一人，婉如清扬。邂逅相遇，与子偕臧。

春日的清晨，野草上的露珠又圆又大，光亮莹润，小伙子走在春意盎然的小径上，偶遇了一个美丽的姑娘。姑娘究竟有多美呢？其实也就一眨眼的工夫，小伙子未必看得仔细，但让他一眼就彻底沦陷的，是美人的眉目。

一学就会

不管你是想形容一个人很美，还是一个人的眉目动人，都可以用到"有美一人，婉如清扬"这句诗。"有美一人"后面也可以另加别的形容词或词组，比如："有美一人，小小胖墩……"

眼睛是心灵的窗户，对于迎面走来的陌生人，大多数人会首先注意对方的眼睛，通过对视进行第一次短暂的"对话"，有的人只是匆匆一眼而过，而有的人却让你一见倾心。很显然，诗中男主角属于后者，因为在他的眼里，姑娘的眉目太美了！

【名句赏读】

"有美一人，婉如清扬。"作者用这八个字描绘了姑娘的眉毛是如何清秀、眼睛是多么光彩明媚，眼神婉转动人，像是在暗中传情。小伙子看了一眼，便喜欢上了。

人的一生会经历无数风景，有美好的、愉快的，也有丑陋的、不幸的。这么多的相遇，如果都积压在心里，相信没有人能够快乐。所以心理学告诉人们，要记住善的、美的、喜悦的，放下恶的、丑的、痛苦的。正如流行的一句话，"愿你出走半生，归来仍是少年。"也愿你所遇，皆"婉如清扬"，愿你所想，皆"月明风清"。

更多佳句

"一双瞳人剪秋水。"

唐代诗人李贺在《唐儿歌》中，形容宰相杜黄裳的儿子双眼像是被秋水剪出来似的，晶莹透亮、明澈有光。

巧笑倩兮，美目盼兮

如果此时，一位娉婷美人就站在你的面前，你的大脑中会涌现出哪些字句？是直来直去的"太好看了！""美翻了！"还是稍带技巧的"沉鱼落雁""闭月羞花"？

美颜易描，倩影难追，这里提到的这句诗，并非写美人之容貌细节，而是"化静为动"，以动作展美人之神韵。

"巧笑倩兮，美目盼兮"，出自《诗经·卫风·硕人》。全诗较长，其中常被引用的是这一句：

> 手如柔荑，肤如凝脂，领如蝤蛴，齿如瓠犀，螓首蛾眉，巧笑倩兮，美目盼兮。

荑，音 tí，初生的叶芽。蝤蛴，音 qiúqí，是一种虫子，形容颈项白皙、丰润。瓠犀，音 hùxī，指瓠瓜的籽，形容牙齿整齐、洁白。倩，笑起来的样子，泛指美好。盼，眼睛黑

一学就会

如果你想表现一位女性动态的美感，将她旖旎的神韵充分展现，就可以用这八个字来形容她。另外，如果一个人的笑容或是眼睛特别迷人，也可以将"巧笑倩兮""美目盼兮"拆开来形容。

白分明的样子。

这首诗说的是春秋时期，齐国公主庄姜嫁到卫国，诗人用大量笔墨刻画了庄姜高贵的身世、精致的相貌和出众的仪态。

她的手呀，像初生的叶芽白皙柔嫩，皮肤如凝脂般嫩滑，颈项似蝤蛴般丰润、优美，牙齿如同瓠瓜籽，整齐又洁白，额角丰满，眉毛细长，嫣然一笑最是迷人，眼波流转摄人心魂。

【名句赏读】

"巧笑倩兮，美目盼兮"，以动态写美人，是脍炙人口的名句。

传统的外貌描写，往往只能勾勒出美人之"形"，而这寥寥八个字，却能将美人之神韵描绘得栩栩如生。在审美的艺术鉴赏中，"神"是高于"形"的，描写的难度也更大。

"巧笑倩兮，美目盼兮。"妙就妙在它将庄姜的一瞬莞尔和一处媚眼写得活灵活现，仿佛美人立于眼前，比起刻板的静态描写，更容易走进读者的心里。

作文举例

那个坐在窗边的姑娘很少说话，让人以为她不善言辞，谁承想在校园歌手大赛上竟然看到了她的风采。她的声线空灵而坚韧，像是绕过树林、自在飘摇的秋风。歌唱时的神情尤其让人挪不开眼，巧笑倩兮，美目盼兮，眼见之人都过目难忘。

　　"盈盈秋水，淡淡春山。"

　　出自宋代阮阅《眼儿媚·楼上黄昏杏花寒》，意思是眼如秋水般明亮，眉似春山般秀美。

　　"垆边人似月，皓腕凝霜雪。"

　　出自唐代韦庄《菩萨蛮·人人尽说江南好》，词人赞美卖酒的女子，美如月亮，手腕白皙得就像霜雪。

娉娉袅袅十三余，豆蔻梢头二月初

　　唐代诗人杜牧是宰相之后，出身好，又有才华，少年得志，所以他和李商隐虽然并称"小李杜"，但他的日子可要比李商隐过得好得多。

　　杜牧年轻时在扬州生活了两年，为此写下了不少诗歌。

赠别

（唐）杜牧

娉娉袅袅十三余，豆蔻梢头二月初。

春风十里扬州路，卷上珠帘总不如。

　　诗题是《赠别》，诗人要告别的是谁呢？一位美少女，她"娉娉袅袅十三余"，十三岁多一点，举止轻盈、美好；

　　这两句诗描写对象很明确，就是十三四岁的女孩子。见到大约这一年龄的女生，可以用来夸赞。

　　"豆蔻梢头二月初"也可以用来形容春天的景色。二月风光，万物初长，花团锦簇，这时可以来一句"豆蔻梢头二月初"，表示感叹和赞美。

"豆蔻梢头二月初"，就像二月初的豆蔻花。二月初的豆蔻花又被称为"含胎花"，含苞待放，亭立梢头，迎风颤动，可爱至极。豆蔻产于南方，在扬州应该常见。诗人以豆蔻来作比喻，也是就地取材，让受赠之人一看就能明白、理解。

上两句写女子的年轻可爱，后两句写她的美丽动人：美人会集的扬州，春风过处，各路佳丽都比不过诗人深爱的这位年轻女子。

这首诗从意中人写到花，从花写到春城闹市，从闹市写到美人，最后又烘托出意中人。全诗挥洒自如，游刃有余。

【名句赏读】

"娉娉袅袅十三余，豆蔻梢头二月初。"描写生动，比喻形象，一股稚嫩、活泼的青春气息扑面而来。现在把少女十三四岁称为"豆蔻年华"。十三四岁是人一生中刚刚长成而又无忧无虑的年纪，二月初是一年之中春天开始的时候，这都是真正的美好时光。

作文举例

"娉娉袅袅十三余，豆蔻梢头二月初。"多么美好的年华，我们成长，活泼、自信、爱自己，悄悄地为自己的小宇宙积蓄能量；同时，我们也开始懂事，开始有意睁眼去看课堂之外的世界，享受世界这座大花园给予我们的温柔和宽容。所以，飞翔吧少年！

　　"红杏枝头春意闹。"

　　这是宋朝作家宋祁《玉楼春·春景》中的名句。杏花开时，粉红粉红的，一朵朵挤满枝头，整个春天都显得热闹了许多。宋祁做过工部尚书，因为这一句"红杏枝头春意闹"太有名了，所以世人给他起了个绰号叫"红杏尚书"。

桃花依旧笑春风

要问人一生中最遗憾的场景，"物是人非"应该能算一个了。此情此景依旧，只是人已不再。唐代诗人崔护这首诗便讲了这样一个故事。

题都城南庄

（唐）崔护

去年今日此门中，人面桃花相映红。

人面不知何处去，桃花依旧笑春风。

崔护这首诗作脍炙人口，据说是源于他和绛娘的爱情故事。那年崔护进京赶考，结束后到都城南庄游玩赏春，在一处桃花掩映的农舍前，他邂逅了美丽的绛娘，两人互生情愫。

一学就会

春日郊游，看到桃花，可以来一句"桃花依旧笑春风"。

冒昧去拜访一个朋友，不遇，可以在她的书桌上留下一张字条："桃花依旧笑春风"。隐含的是"人面不知何处去"——朋友，你到哪里去了呢？当朋友回来后看到，当会心一笑，多好玩儿！

但封建社会男女界限分明，崔护又性情腼腆，两人并没有表明心意。考试失败，崔护回家继续准备考试，将绛娘暂时抛在了脑后，第二年，相思难耐的崔护故地重游，却发现绛娘已经搬走。崔护后悔不已，于是便写下了这首诗。

诗歌以一个美丽的邂逅开始，以永远的遗憾落幕：

去年的今天，我和你在此门前相遇；你美丽的脸庞映着红艳艳的桃花，撩动着我的心弦。此刻，我又站在遇见你的地方，但你却已不知去向；只有桃花仍美美地笑看春风，一如旧时模样。

【名句赏读】

"桃花依旧笑春风"，字面明媚、鲜艳，语意含蓄，余味绵长。

你可以说它是情诗，一如歌手刘若英在《后来》里唱的："后来，终于在眼泪中明白，有些人，一旦错过就不在……"

也可以把它用作鼓励、肯定。无论经历过什么样的动荡、挫折、创痛，桃花依旧笑看春风。这是一种多么坚强、乐观的美啊！

作文举例

多年后当我重回故地，校园依然，操场、教学楼乃至我们曾经的宿舍，都和离开时一样，"桃花依旧笑春风"，然而原来的小伙伴们呢，你们在哪里？

"同来望月人何处，风景依稀似去年。"

唐代诗人赵嘏在《江楼感旧》里，描写在和去年一样的夜色光景中，怀念那些曾一起望月的人。

"年年岁岁花相似，岁岁年年人不同。"

唐代诗人刘希夷在《代悲白头翁》中，也发出了类似的感慨：年复一年，繁花依旧盛开，但每一年看花的人却并不相同。

语文加油站

晏殊诚实

宋代词人晏殊天资聪颖，从小就被视作"神童"。他被推荐去见宋真宗，恰好宋真宗在面试进士，就让晏殊也参加。晏殊一见试题，就说："这题目我几天前做过，您还是换个题目吧。"宋真宗本来就很欣赏晏殊的才华，现在又见他这么诚实，非常满意。晏殊后来官至宰相。

冠盖满京华，斯人独憔悴

杜甫和李白是文坛上著名的知己好友，他们有相通的文学追求和精神世界，所以更容易惺惺相惜、肝胆相照。杜甫和李白都经历过仕途的失意，也目睹了唐朝政权的衰败和社会疾苦。在李白被流放夜郎时，杜甫忧思重重，替友人鸣不平。

梦李白·其二

（唐）杜甫

浮云终日行，游子久不至。

三夜频梦君，情亲见君意。

告归常局促，苦道来不易。

江湖多风波，舟楫恐失坠。

古诗的灵活运用，不必拘泥于原句意思。当我们挂念某位离开的亲朋好友或独自在异乡打拼的朋友，为他的生活境况而担忧时，也可以说："冠盖满京华，斯人独憔悴。"

朋友之间见面，有人打趣说你瘦了，你也可以以玩笑的口吻回复他："冠盖满京华，斯人独憔悴呀！"——这里的"斯人"说的自然就是自己了。

出门搔白首，若负平生志。

冠盖满京华，斯人独憔悴。

孰云网恢恢，将老身反累。

千秋万岁名，寂寞身后事。

　　李白流放夜郎，第二年便遇赦回到了江陵。但远在北方的杜甫并未得到这个消息，他以为友人仍在异乡漂泊。

　　天上的浮云终日都在游走，而远在天涯漂泊的故人却久久不能相见。杜甫思念李白情切，已经多次在夜里梦到友人，只得宽慰自己道："幸而他也对我情深义重，不然怎么会频频到我的梦中来呢？"梦中的友人似乎在离别时局促不安地诉说着："过来一趟真是不容易啊，我生怕这江上风波迭起，我的小船会沉到水底！"而李白出门时用手梳着白发的落寞身影，更像是在为自己的不得志而怅然。

　　杜甫和李白诗逢知己、同道相益，不仅源于他们共同的兴趣志向，还因为相似的经历和苦楚。杜甫对李白境遇的描述和慨叹，也是他内心世界的展现。"情亲见君意"，这个"君"

作文举例

　　读书时，历史上那些才华横溢而生活不幸的人，总是让我们心疼不已，比如宋代词人李清照、明代画家徐渭、现代文学家郁达夫……读他们的故事，心里不由自主地便浮现出杜甫的名句："冠盖满京华，斯人独憔悴。"

可以是李白，也可以是杜甫自己。他推己及人地表达自己对友人的思念，也同是在抒发自己的情感。

杜甫越发难过，不禁发出了那句流传千古的感慨："冠盖满京华，斯人独憔悴。"那些高冠华衣的王公贵族遍布整个长安城，而像李白这样才华横溢、志向高远的大人物却被放逐异地、困顿潦倒，实在是可悲可叹！

他继而又叹道："这有什么'天网恢恢'的正义可言呢？李白的晚年竟然落得如此下场，哪怕死后能垂名千古，却已然无用了。"不仅道出杜甫对李白这一生的高度赞赏，也流露出了为他不平的深厚同情。

【名句赏读】

"冠盖满京华，斯人独憔悴。""冠盖"本义是王公贵族的帽子和车盖，今天可以理解为"得意的人"。

看那京都灯火繁华，花红酒绿，多少春风得意的人沉醉其中，却有一个人，寂寞、憔悴，独自舔着伤口！这样一对比，一种悲戚的感情便油然而生，令人深受感动。

"痛饮狂歌空度日，飞扬跋扈为谁雄。"

这是杜甫另一首《赠李白》诗中的句子。杜甫站在朋友的角度，评价李白虽才华横溢、对酒当歌，却英雄无用武之地，让人可怜可叹。

拣尽寒枝不肯栖，寂寞沙洲冷

人长大后，就难免会有寂寞孤独的情绪，人皆如此。即使是人见人爱的社交达人，也免不了有落寞独处的时候。千年前，被贬黄州的苏轼在定慧院住了四年多的时间，留下了这首千古流传的词作。

卜算子·黄州定慧院寓居作

（宋）苏轼

缺月挂疏桐，漏断人初静。谁见幽人独往来，缥缈孤鸿影。

惊起却回头，有恨无人省。拣尽寒枝不肯栖，寂寞沙洲冷。

一轮残月挂在枝叶稀疏的梧桐树梢，定慧院到了深夜，人声静默，好一幅孤冷清傲的景象。这时，幽居在此的寂寞人儿还在庭院里独自踱步，唯有空中的孤雁缥缈而过，与他

"拣尽寒枝不肯栖，寂寞沙洲冷。"可以是所有特立独行之人的写照，表明宁愿独守寂寞，也不愿屈服、妥协于现实的态度。

比如，有些人因为功名利益去依附权贵，出卖尊严，也有些人看不上这种行为，宁可独来独往，这就是"拣尽寒枝不肯栖"。

相伴。一人、一雁，遥遥相对。猛然惊起回头望，心中涌起了无限的惆怅和悲恨，却无人可说，也无人体会。罢了罢了，这孤雁似乎也怀有幽恨，挑选半天，竟选不出一根愿意栖息的枝丫，宁愿在寒冷的沙洲忍受孤寂。

这首词整体运用了托物寓怀的手法，看似写景写物，实则说的是自己的心境。苏轼空有一腔政治抱负，一生却多次被贬、漂泊不定。眼看自己年岁渐长、仕途坎坷，他在深夜众人都睡下后，以一只孤雁自比，道出自己心底的惆怅。

【名句赏读】

"拣尽寒枝不肯栖，寂寞沙洲冷。"这两句是精神高洁之人的极好的自我表白。

无枝可依，无家可归，无疑是人世间莫大的寂寞。但是，如果这种寂寞是主动选择的，则又大不一样，如词中的"孤鸿"，拣尽寒枝不肯栖，"不肯"是因为孤傲、高洁，比如不愿攀枝附叶、投人所好，不愿委屈自己、随波逐流。

作文举例

　　我们身边不乏趋炎附势之人，他们或许能取得一定的成功，但相比之下，我更钦佩那些独善其身、不畏权势之人。他们"拣尽寒枝不肯栖"，不惧"寂寞沙洲冷"，这等"出淤泥而不染"的境界何其珍贵。

更多佳句

　　"人生如逆旅，我亦是行人。"

　　出自《临江仙·送钱穆父》，苏轼用它来安慰同样境遇不顺的好友钱穆父。

　　"休对故人思故国，且将新火试新茶。诗酒趁年华。"

　　在《望江南·超然台作》中，苏轼提议不要在老友面前思念故乡了，不如一切往前看，点上新火来烹煮新茶吧，因为作诗醉酒的年华是很宝贵的。

　　"飘萧我是孤飞雁，不共红尘结怨。"

　　出自宋代朱敦儒《桃源忆故人》。词人同样以"孤雁"来比喻特立独行的人，他独自飞翔，不合于群，也不愿与红尘俗事有过多的纠缠。

独怜京国人南窜，不似湘江水北流

有句话道："人生不如意十有八九。"生活这东西并不由着我们，有时反而还会一记"重拳"，打得我们措手不及。如果你拼尽全力，生活却还是不如所愿，甚至向着与你的期待相反的方向奔去，不妨读一读下面这首诗，感受一下与你相距上千年的相似心境。

虽叹世道苦，世道却一直如此。将愁苦作成诗，吟诵出来，总比憋在心里好吧。

渡湘江

（唐）杜审言

迟日园林悲昔游，今春花鸟作边愁。

独怜京国人南窜，不似湘江水北流。

"独怜京国人南窜，不似湘江水北流。"一般是形容离乡背井、郁郁不得志的心境，也可以用来表达自己离乡的不舍。"京国""南""湘江"这些词都可以替代，比如："独怜蜀国人西窜，不似长江水东流。"又或者："独怜江南人北上，不似大雁冬南归。"

诗人被贬官，要去往遥远的峰州（今越南越池东南），当走到湘江边上时，正是春日迟迟、鸟语花香的时节，诗人悲从中来，写下这首诗：

昔年我也曾在京城的园林中欢快春游，当时心情和眼下相比，真是天差地别；眼前春光虽然好，却只能徒劳地唤起我的愁绪，不知那遥远边地，等待我的会是什么。和滚滚向北流去的湘江相比，我这个离开京城流窜南方的人，真是太可怜了！

全诗多处用到了对比和反衬的手法，以"迟日"对照"今春"，以"游园"对照"边愁"，以"南窜"对照"北流"，形成了诗人心中"哀"与"乐"的反差。

【名句赏读】

"独怜京国人南窜"是全诗的中心句，它交代了第一、二、四句诗情绪的由来。而"不似湘江水北流"点出了湘江之题，正因为看到"水北流"，那是往京城的方向，诗人的心中升腾出"人南窜"的悲凉感。

作文举例

今天就要离开家乡，远赴大西北读书了，不舍和焦虑相交织，颇有杜审言"独怜京国人南窜，不似湘江水北流"的滋味。不过我相信今朝不同往昔，每一个地区都有它独特的魅力，就等我的眼睛去发掘了！

"郴江幸自绕郴山，为谁流下潇湘去。"

出自宋代词人秦观的《踏莎行·郴州旅舍》，词人同样是被贬官职，离开郴州去往人生的下一站，前途彷徨，愁绪百结，词人不由得发问：郴江之水，绕着郴山，你又是为了什么，滔滔地向潇湘北流而去？

"白沙日暮愁云起，独感离乡万里人。"

杜牧的《边上闻笳》也描写过自己由景生情，觉得离家千万里远的孤独感。

陆游在《芳草曲》中，也用"长安城门西去路，细霭斜阳芳草暮"两句，描述了自己离开长安城时，路上苍茫又孤寂的景象，以体现他的不舍之情。

近乡情更怯，不敢问来人

对于一个久未归家的人而言，一定很想知道家里的消息，想知道亲人们过得好不好。被贬在外的宋之问也是同样的心情，但另一方面，他又害怕知道家里的消息。

渡汉江

（唐）宋之问

岭外音书断，经冬复历春。

近乡情更怯，不敢问来人。

宋之问是武则天时的佞臣，武则天倒台后，他被流放岭南。后来他趁地方官吏不注意，私自逃回北方。经过汉江，写下了这首诗。

一学就会

既想听到消息，又生怕听到坏消息，这是人之常情，也是"近乡情更怯，不敢问来人"的妙义所在。

比如，全市统考的成绩公布了，这次成绩非常关键，所以大家去学校查分数的路上，磨磨蹭蹭地，这真是"近乡情更怯，不敢问来人"！

当时的广东地区还是蛮荒之地，加上他是被流放的政治犯，亲人、朋友都不敢跟他联系了。"岭外音书断"，于是，一年四季都没人给他写信。在流放地吃不饱，穿不暖，再加上地方官吏的监视和不友好，他心灵备受伤害，思乡之情非常浓，填塞心胸。

于是，他趁地方官吏不注意，逃离了岭南，逃回了北方。渡过长江，又渡过汉江，离家乡越来越近了，思乡之情也越来越浓，恨不得两胁生翅，一下子飞越江河重岭，回到亲人身边，跟他们拥抱在一起，倾诉这些年的离愁、艰难。

但是，"近乡情更怯"，他毕竟还是犯人，回到家也是逃犯啊，怎么跟家里人解释？这么多年没有家人的音信，他们是不是对我有看法？还是遭了不测，也被关押或流放，甚至离开了人世？

宋之问越想越害怕，越胆怯，"不敢问来人"，怕是得了不好消息，更或者认出他，又要抓他重返岭南。

【名句赏读】

"近乡情更怯，不敢问来人。"越是临近家乡，诗人的

作文举例

在海外漂泊多年，终于可以返回故乡看看自己的亲人朋友了，他却一路行一路忐忑，人已半百世事沧桑，真让人"近乡情更怯"。

心情越是担心、紧张，甚至不敢从老乡那里打听家里的消息。

诗句表达出一种思乡，走近家乡反而踌躇、胆怯的复杂心情。

事实上，这种心情并非诗人宋之问独有的，随着每个人年龄的增长，这种矛盾情绪往往便越来越浓。

"反畏消息来，寸心亦何有！"

杜甫在诗作《述怀》里，描写自己寄出一封家书后，因为担心有不好的消息传来，反而害怕收到家里的回信。诗人身处乱离之世，所以会有这种复杂心境，也特别让人同情。

因君树桃李，此地忽芳菲

　　诗是古人重要的交际手段，诗歌唱和是文人生活中很常见的内容。但是奇怪的是，古代诗歌中，专门为老师而写的诗歌却不多，名句更是稀见。

　　李白的这首《赠秋浦柳少府》，也并非赠师之作，但是其中有"因君树桃李，此地忽芳菲"一句，简直是为赠予老师而量身定做的，所以特地分享出来。

赠秋浦柳少府

（唐）李白

秋浦旧萧索，公庭人吏稀。

因君树桃李，此地忽芳菲。

摇笔望白云，开帘当翠微。

时来引山月，纵酒酣清晖。

而我爱夫子，淹留未忍归。

一学就会

　　教师节到了，制作一张贺卡，亲手写上"因君树桃李，此地多芳菲"，送给敬爱的老师。既与众不同，又倍暖人心。

"秋浦"是地名。整首诗是说：

秋浦这个地方，以前可是萧索得很，就算县衙门里，也是稀稀拉拉没几个人；但是自从您来了，普施惠政，广植桃李，此地忽然芳菲遍地，繁荣热闹。坐在屋子里批示文件，抬眼就能望见天边白云，打开窗帘，山色青青，翠微满目；到了夜晚，一轮山月挂中天，借着月色清辉，饮酒谈天，何等酣畅！

亲爱的夫子呀，我真喜爱您，我都想淹留在此，乐不思归了。

【名句赏读】

这首诗赞颂地方长官务实为民、功绩斐然。其中"因君树桃李，此地忽芳菲"一句最值得记忆。

"树桃李"，种植桃树、李树；"芳菲"，芳香、繁荣。

因为您的辛勤耕耘，广植桃李，这地方很快就变得一片芳菲、繁荣。所以说，桃李芳菲都是您的功劳啊！

"因君树桃李，此地忽芳菲"，用在赞颂教育工作者的文章里，最合适不过。

作文举例

杭州有苏堤，是苏轼主持修建；苏州有白公堤，据说为白居易所筑。这些地方，于当事者只是因地制宜，顺手而为，实际效果却方便当时、流芳后世，比起一些刻意为之、劳民伤财的形象工程来，高明太多了！真是"因君树桃李，此地忽芳菲"啊！

"满城桃李属春官。"

　　春官，武则天时曾改礼部为春官，这里指礼部一位姓王的侍郎。进士考试放榜后，诗人刘禹锡写诗祝贺主持科举的礼部王侍郎，"一日声名遍天下，满城桃李属春官"：一天之内，您的名声已传扬天下，满城进士都是您的门生。

语文加油站

厕上文章

　　有个秀才，拿自己的文章去请前辈评点。前辈说："以前欧阳修说自己的文章都是'三上'得来的，你的文章特别像欧阳修的第三上。"秀才听了很高兴，朋友告诉他："欧阳修的'三上'，说的是枕上、马上、厕上。第三上，指厕所呀。"秀才这才明白是被嘲笑了。

醉后不知天在水，满船清梦压星河

这首作品的作者唐珙，字温如，历史文献中对于他的介绍极少，流传下来的诗作也仅有不到十首。但凭借这首《题龙阳县青草湖》的寥寥几行字，他一"醉"成名，也醉到了很多人的心里。

题龙阳县青草湖

（元）唐珙

西风吹老洞庭波，一夜湘君白发多。

醉后不知天在水，满船清梦压星河。

青草湖在今天洞庭湖的东南部。一个秋天的夜晚，萧瑟的凉风不留情面地吹向洞庭湖，被吹皱了波纹的湖面像是一张苍老的脸。一夜之间，湘水神也多了很多白发，或许诗人也想到了日渐衰老、不再年轻的自己。诗人游船湖面，不知不觉多喝了两杯。醉意正浓，诗人顿感世界亦真亦幻，竟分

一学就会

"满船清梦压星河"，当你美美地睡了一觉，想到梦境里自己飞上了天，就可以用这句诗。写关于"星空"的作文时，也都可以用上这一句。

不清天地星河。

【名句赏读】

"醉后不知天在水，满船清梦压星河。"诗人在酒后陷入微醺的迷惘中，一时不知是身处现实还是梦境。天高而澄澈，漫天的繁星倒映在水面，诗人竟以为水面就是银河，自己正在天上畅游。船上是诗人的清梦，船下是满天星河。这画面想象奇特，但是又很自然、合理。

暑假的时候，住在农村，晚饭过后，在屋前空地上放上椅子、席子，躺在上面乘凉。周围一片蛙声、虫鸣，萤火虫打着橘黄的灯笼飞来飞去，天上繁星闪烁，清风徐来，真是惬意极了。天上的星星，有时看着像仙人，有时看着像飞船，想起那句诗，"醉后不知天在水，满船清梦压星河"。此时的我，不喝酒，却也感觉醉了。

更多佳句

"闲上山来看野水，忽于水底见青山。"

宋代诗人翁卷在《野望》中，也写出了水中倒影的妙处，本来是看水，却发现水中倒映的青山更为好看。

苔花如米小，也学牡丹开

咏志篇

人事有代谢，往来成古今

今天的人们爱读历史，也谈论历史。其实古人也一样，历史上也有很多谈论历史、吊古伤今的作品，这首《与诸子登岘山》便是其一。

诗人孟浩然与友人一同登上岘山，见到了羊公碑，想到魏晋名臣羊祜也曾在这座山上置酒言咏，不由得万千感慨，写下了这首诗。

与诸子登岘山

（唐）孟浩然

人事有代谢，往来成古今。
江山留胜迹，我辈复登临。
水落鱼梁浅，天寒梦泽深。

一学就会

"人事有代谢，往来成古今。"这两句诗带着对天地人间的思考，意境既简单又深远。多用于谈论历史这样的大话题，或者需要抒发人世更替变化的时候。比如，习近平主席在致第二十二届国际历史科学大会的贺信里引用这两句诗，来彰明"历史是人类最好的老师"的道理。

羊公碑字在，读罢泪沾襟。

诗人和几个朋友游岘山，为什么选择岘山呢？因为"江山留胜迹"，有前人留下的"胜迹"。

"人事有代谢，往来成古今"，人事有兴起，有衰亡，这一来一往，就形成了古今历史。滚滚红尘，有多少过客，但是都被风吹雨打去，只有那些英雄人物，为社会做出了贡献的人物，才被后人记住，留下了"胜迹"。开头两句似是轻轻一叹，读来却有岁月易逝，应抓紧机会建功立业，这样才能给美好江山留下让后辈凭吊的胜迹的深沉感慨。

接着，诗人话锋一转，将视线落到了登山所见上。正值严冬，鱼梁洲因为水位下降而露出了水面；云梦泽苍茫一片，

作文举例

"人事有代谢，往来成古今。"时间构成了历史的深度，而人，构成了世界的多姿多彩。要知道，古代那些在史书中熠熠生辉的名字，也曾经是活生生的人，就像今天的我们一样，认真地生活，也有不同的烦恼。如今，历史翻过去了那一页，在这片时空，轮到我们当家做主，我们应该怎么生活呢？在未来也会有新的一代人，以"今人看古人"的眼光来看我们吧？所以努力吧，愿我们都活出自己的精彩，也活成未来世界的史书中那熠熠生辉的名字。

看上去辽阔深远，草木凋零，异常萧瑟。而羊祜碑在这严寒苍凉中已然挺立了几百年，读完碑上的撰文，诗人感动得泪水沾湿了衣衫。

羊祜是魏晋时期的政治家，曾经在这一带大施仁政，使百姓不再流离失所，所以受到了百姓的爱戴和怀念，有了纪念他的羊公碑。

【名句赏读】

"人事有代谢，往来成古今。"这一联看似内容简单，却隐藏了诗人对世事之深思，暗含惆怅。

这世上大到朝代更替，小到个人荣辱，所有的生离死别、悲欢离合都在不断变化、更替甚至轮回，一切终将过去。唯一恒久不变的是始终在流逝的时间，和这永远静默的天地。

"滚滚长江东逝水，浪花淘尽英雄。"

明代文学家杨慎在《临江仙》中，以长江流水比喻岁月的流逝，用"浪花淘尽"形象生动地展现了时代和人物更迭的真相。这首词后来被谱上曲，作为电视剧《三国演义》的主题曲。

已识乾坤大，犹怜草木青

马一浮以书法和学术闻名于世，是书法泰斗、国学大师，也以诗人名世。

抗战期间，诗人在四川办学，登四川乐山旷怡亭，写下此诗。

旷怡亭口占

（现代）马一浮

流转知何世，江山尚此亭。

登临皆旷士，丧乱有遗经。

已识乾坤大，犹怜草木青。

长空送鸟印，留幻与人灵。

一学就会

"已识乾坤大，犹怜草木青"，是一种阅尽高处风光后依然能俯察低处细微的人生境界，也是做人的智慧。

可以用来形容那些在专业领域里达到极高境界，而又保持平常心、人情味的人。比如阿里巴巴的创始人马云，他在事业成功之后，突然退休去做公益，关注乡村孩子的教育问题，所以媒体采访时，用了"已识乾坤大，犹怜草木青"这句话来形容他。

诗人于乱世之中，心系文化传承，已识天地之不仁，犹怜人间草木众生。这是一种大慈悲、大智慧，让人想起同一时代的高僧弘一法师临逝前写下的"悲欣交集"四字。

诗人说：世事兜兜转转，今夕何夕，幸好山河间还有此亭；古来多少旷士曾登临，世间离乱，昔人已去，作品长留存；我见识过天地辽阔、斗转星移，却也怜惜脚下这卑微的草木，青青可喜；就像那天空中的飞鸟呀，鸟去无痕，然而那飞翔的幻影，何尝不值得珍惜。

【名句赏读】

"已识乾坤大，犹怜草木青"，这句诗既深邃，又温柔。

深邃是诗人站在天地之巅、时间长河上，看世间古往今来、沧海桑田、人事代谢、生命荣枯。

温柔则是诗人的低下眉眼，与草木问候，与人间细语，

作文举例

民国有一位政治人物叫唐绍仪，他做过北洋政府总理，卸任后回到家乡，被选为县长，在小小的县长任上也干得勤勤恳恳，这真是"已识乾坤大，犹怜草木青"。这样的人值得尊敬，做得了顶天立地的大英雄，也当得了母亲跟前憨憨傻笑的孩子；懂得很多大道理，为全人类谋福利，却并不忽略身边一个个具体的人，愿意为一个流浪汉微不足道的一日三餐挂心。

好像在说：今春雨水如何？大人可得安生，小儿是否夜啼……

在这里，乾坤和草木形成强烈对比。

乾坤是天地，是宇宙，何其大、何其远；草木是大自然里最卑微、最无声的存在，何其小、何其近。

老子说，"天地不仁，以万物为刍狗"，天地运行，无视世间万物，这是无情；草木枯了又荣，随风展叶，润雨呈绿，这是有情。

"草木"，又何尝不是在说这人世间的芸芸众生！

"满目山河空念远，落花风雨更伤春，不如怜取眼前人。"

出自北宋词人晏殊《浣溪沙》，其中"满目山河空念远""不如怜取眼前人"两句，词意上形成绝妙的呼应，可看作"已识乾坤大，犹怜草木青"的先声：眺望河山，怀念远方的友人，终究遥不可及，不如怜惜眼前的人。

知我者，谓我心忧，不知我者，谓我何求

在漫长的历史中，王朝更迭是再正常不过的事情，但对于亡国的臣民而言，国破家何在？他们可能面临着家破人亡、背井离乡、被奴役被驱赶的悲惨命运。

诗经·王风·黍离

彼黍离离，彼稷之苗。行迈靡靡，中心摇摇。知我者，谓我心忧，不知我者，谓我何求。悠悠苍天，此何人哉！

彼黍离离，彼稷之穗。行迈靡靡，中心如醉。知我者，谓我心忧，不知我者，谓我何求。悠悠苍天，此何人哉！

彼黍离离，彼稷之实。行迈靡靡，中心如噎。知我者，谓我心忧，不知我者，谓我何求。悠悠苍天，此何人哉！

一学就会

"知我者，谓我心忧，不知我者，谓我何求。"这是两千多年前的诗人奉献给后世所有孤独者、别有怀抱者的自我慰藉之语。

诗句原本是非常深沉、哀痛的，今天我们使用的时候，可稍微跳出原来的语境，当你觉得自己胸有抱负而不被理解时，也可以引用这句话。

西周亡国后，周平王无奈迁都到洛邑，而原本的都城镐京在经历了战火纷飞后，已经残破不堪。迁都后不久，诗人行经镐京，见到昔日的楼台宫阙已成废墟，曾经的繁华街道不见人迹，破败的土地上只有一片片的黍禾在生长，一片荒凉。

诗人悲从中来，"中心摇摇"，神不守舍；"中心如醉"，像醉酒之人；"中心如噎"，难以呼吸。

诗人问：我为什么会如此举止反常呢？懂我的人，知道是我心里难受；不懂我的人，问我在寻找什么。苍天呀，眼前这一切又是谁人造成的？

【名句赏读】

"知我者，谓我心忧，不知我者，谓我何求。"作者见到旧日繁华热闹的都城变得破败、荒凉，心中伤悲，恍恍惚

作文举例

历史上那些忧国忧民的有识之士，往往都是孤独的。无论什么时候，真正的清醒者总是少数，他们总是不能合群。世道太平的时候，他们因看到潜藏的危机而受到攻击；世道混乱的时候，他们因为坚持正道而受到浑水摸鱼者的排斥。大多数时候，他们都不被理解，更不被接受。"知我者，谓我心忧，不知我者，谓我何求。"这样的人生未必称得上幸福，但是这样的人值得我们敬重。

惚，长吁短叹。在痛苦的同时，作者也感受到了深深的孤独，因为"人类的悲欢并不相通"，即使见到同样的场景，也不是所有人都能感同身受，于是作者发出这千古一叹："知我者，谓我心忧，不知我者，谓我何求。"

更多佳句

"前不见古人，后不见来者。念天地之悠悠，独怆然而涕下。"

唐代诗人陈子昂的代表作《登幽州台歌》，虽然抒发的是诗人自己怀才不遇的情感，但是这首诗气魄之大，情绪之深沉，与"知我者，谓我心忧，不知我者，谓我何求"有异曲同工之处，都是千古孤独名句。

苔花如米小，也学牡丹开

你有注意过生长在潮湿的角落里，翠绿的、一片一片的苔藓吗？它们很小，也很不起眼。但就是这样一种常被忽视的植物，却上千次地出现在古人的诗作里。据统计，仅在《全唐诗》中，写"苔"的作品就有上千首。

不过要说描写"苔"最为出名的作品，就要提到清代诗人袁枚的这首《苔》。篇幅短小、语句通俗，却描绘出了不一般的诗意景象。

苔

（清）袁枚

白日不到处，青春恰自来。

苔花如米小，也学牡丹开。

这两句话看似平淡、寻常的励志，但借咏"米小"的"苔花"反映出无数个小人物的处境与奋斗心境。所以它不仅能用来形容所有在恶劣环境中顽强生长的生命体，也能用来赞美在困境中依然相信自己、努力向前的人们。

在这个世界上，有很多渺小的生命也在顽强生长。它们即使生长在角落里，远离阳光和春意，也依然保持倔强的生命力，像是青春在吐露芳华。就比如这像米粒一般大小的"苔花"，它并没有放弃自己、自惭形秽，而是像牡丹一样自信、大方地盛放自己、展现自己。

之所以将"苔花"打上了引号，是因为从科学角度来讲，苔藓植物并不会开花。我们在苔藓植物体上看到的"花朵"，其实是它的生殖托或色彩鲜艳的孢子体。

【名句赏读】

"苔花如米小，也学牡丹开。"科学的真相并没有影响到这首诗的意境。诗人用十个字描绘出了一个励志的画面："苔花"虽然个体微小，外形普通，也很难被阳光照射到，但每一个生命都有独特的魅力，只要积极向上，就能活出牡丹一样的骄傲。

作文举例

不是每个生命都先天拥有牡丹的风华，但却都肩负着使命、内蕴着独特，渺小也罢，不起眼也罢，偶尔的阳光缺席也罢，都不能阻碍我们迎难而上、绽放自我的力量和勇气！

"休言女子非英物，夜夜龙泉璧上鸣。"

出自近代女英雄秋瑾词作《鹧鸪天》。诗人说：国家有难，不要说身为女子就做不得英雄豪杰；我有龙泉宝剑，急欲出鞘，夜夜作龙吟之鸣。展现出了虽然身为女性，但为了祖国不怕牺牲的壮志豪情。

"别有根芽，不是人间富贵花。"

出自清代才子纳兰性德的《采桑子·塞上咏雪花》。词人赞美雪花不同于牡丹、海棠之类，虽不富贵，却是从天上来。借雪喻人，表达自己的心意和志向。——我们出身不同，所求也不一样，你有你的富贵，我有我的高洁。

无人信高洁，谁为表予心

托物言志是古代诗词中常用的一种手法，文人们喜欢用生活中常见的物象，来表达自己的感情和志向。

初唐诗人骆宾王的《在狱咏蝉》，便是托物言志的名篇。

在狱咏蝉

（唐）骆宾王

西陆蝉声唱，南冠客思侵。

那堪玄鬓影，来对白头吟。

露重飞难进，风多响易沉。

无人信高洁，谁为表予心？

这首诗写于牢狱之中。骆宾王因为得罪了皇后武则天，

"无人信高洁，谁为表予心？"诗人既是为蝉说话，也是为自己发声。当理想志向不被信任、受到误解或怀疑时，可以引用这两句来为自己辩白。

比如：有人真心做好事帮助他人，但是大家都认为他在故意表现时，就可以用上"无人信高洁，谁为表予心"。

于是被诬陷，以贪赃罪名入狱。

那年秋天，在狱中的骆宾王听到秋蝉在窗外高亢地吟唱，内心莫名悲伤。他想不明白，为何自己为社稷苍生忧心挂怀、付出了大把的时间和精力，头上白发已生，却落得个锒铛入狱的下场。这蝉的叫声，何尝不像是自己在凄惨地悲鸣呢？

诗人继而想到：如今秋露深重，蝉即使尽力展翅也难以高飞，而寒瑟的秋风更轻易将它们的叫声掩盖。这"露重"和"风多"，不也正是我在政治上受打压、被埋没的命运吗？诗人第二次从蝉写到了自己。

【名句赏读】

"无人信高洁，谁为表予心？"诗人为自己辩白，他自视高洁，却无人理解和相信。除了此刻正高声歌唱的蝉，谁又能为他发声，替他洗清冤屈呢？诗人再次将他和蝉联系在一起，表达了他蒙冤入狱后，叫天不应、叫地不灵的无奈心境。

作文举例

岳飞精忠报国，在战场上身先士卒，是不可多得的良将。无奈被奸臣陷害枉死。"无人信高洁，谁为表予心？"即使死后千古扬名，又怎能抵消他生前所受的冤屈呢？

"昔时人已没，今日水犹寒。"

骆宾王对自己的政治际遇很是不平，但他真心地崇拜英雄。在《于易水送人》中，他用对荆轲的缅怀来侧面反映自己压抑的处境和内心涌动的热血。

"举世皆浊我独清，众人皆醉我独醒。"

出自屈原《楚辞·渔父》。屈原说：这世间混浊不堪，只有我清清白白；所有的人迷醉糊涂，只有我清醒明白。

语文加油站

"南冠"是囚犯的雅称

《左传》中，晋侯问："南冠而絷者，谁也？"（戴着楚国帽子而被拘押的那人是谁？）旁人告诉他："这是囚犯钟仪。"后世便以"南冠"来代指囚犯或俘虏。钟仪是楚国的古琴演奏家，受人尊敬，所以"南冠"多指有节操的囚徒。

骆宾王《在狱咏蝉》诗："西陆蝉声唱，南冠客思侵。"用的正是此典。

亦道春风为我来

关于"春风"，白居易有两句诗，可谓天下传唱，无人不晓。那就是"野火烧不尽，春风吹又生"。不过今天，我们要分享的是另外一首，诗的标题就是：春风。

这首《春风》，名声不显，但是其中有一句诗，只要读到，就让人心心念念，喜欢不已。

春风

（唐）白居易

春风先发苑中梅，樱杏桃梨次第开。

荠花榆荚深村里，亦道春风为我来。

一学就会

一个向来考试成绩不佳的人，也有自己得意拿手的技能和本领；一个不爱言语、默默无闻的人，也可能有着丰富精彩的心灵；一个屡受挫折、备受打击的人，也会在某一天迸发惊人的能量和才华……当我们不自轻自卑，努力向前时，都可以用"亦道春风为我来"勉励自己，因为熬过了寒冬，春风会公平地吹拂到每一株生命之上！

——人们都说这春风是为我一个人来的，春风绝不会忽略每一个人！

春风来了，先是皇家贵族园林里的梅花开了；

接着各处的樱花杏花桃花梨花也依次绽放；

然后是乡村田野，荠菜花榆钱儿也赶着盛开；

一个个争着说：这美好春风正是为我而来啊！

这首诗写的是春回大地、花开竞艳的情景，但言辞朴实，叙述平白，无非京中梅花开了，原上樱杏桃梨花开了，乡村荠菜、榆荚花也开了，连个形容词都没舍得用，然而全诗读下来，却意象热闹，满眼繁华，以简笔描出了大美之景！

【名句赏读】

最是这一句"亦道春风为我来"，拟人传神，暖人心窝！

自然万物，有养于贵人名苑者，有长在偏远田野者，然而谁都不甘自轻，谁都可以毫不愧羞地唤一句：春风啊，你

作文举例

春天来了，万物复苏，无论花草树木，山坡河流，"亦道春风为我来"，一个个都争先恐后地换上了新装。同样地，人逢春风精神爽，去公园里走一走，去小河边看看水潺潺、鸭悠悠，我们年轻的心也仿佛迎春成长。

开学了，见到盼望已久的你，又回到课后热闹的操场，这么多熟悉的风景、熟悉的味道，心里默默念一句"亦道春风为我来"，不禁暖意满满。

就是为我而来！

　　也许你尚且普通不起眼，也许你长期没有得到人们的关注，然而这春风，如此公平，你要相信它会为你而来！

　　野百合啊野百合，好好珍惜你的春天！

　　"柳外春风都不管，依旧遣，百花开。"

　　出自元代张之翰的词作《江城子·游孙园》，在作者的笔下，不论人间是快乐还是哀伤，春风都不管不顾，按自己的节奏安排着百花盛开。

仰天大笑出门去，我辈岂是蓬蒿人

南陵别儿童入京

(唐) 李白

白酒新熟山中归，黄鸡啄黍秋正肥。

呼童烹鸡酌白酒，儿女嬉笑牵人衣。

高歌取醉欲自慰，起舞落日争光辉。

游说万乘苦不早，著鞭跨马涉远道。

会稽愚妇轻买臣，余亦辞家西入秦。

仰天大笑出门去，我辈岂是蓬蒿人。

这首诗前半部分很温馨：

新酒刚酿好，我从山中归；黄鸡啄谷粒，长得肥又肥。呼唤小童仆，炖鸡斟美酒；家中小儿女，乐和牵我衣。我对酒高歌，我醉而起舞，我的剑光可与落日争辉！

作文举例

"仰天大笑出门去"，走向世界，走向未来。年轻的心也许忐忑，但绝不要畏惧；即使迷茫，但切切不可悲观。困境之中吟一句"我辈岂是蓬蒿人"，疲惫的心顿时变得元气满满。

后半部分则泛着一股不平之气：

后悔早前没有去游说帝王谋取功名，如今一把年纪了只能快马加鞭奋起直追；想到从前会稽郡那愚蠢的妇人看不起朱买臣的故事，我就自觉点，主动辞家去大世界为梦想打拼吧。

接下来就是最后两句：

我仰天大笑，辞别家人，去奔赴理想中的远大前程，（不妨说句大话）像我们这样的人，怎么可能一辈子身居底层、困于草莽呢！

——我们可都是有才华有抱负的人啊！

这里学习一个典故“会稽愚妇轻买臣”。会稽，古郡名，今苏州一带；轻，看不起。这里用了典故，朱买臣，西汉大臣，四十多岁了还以打柴为生，打柴就好好打柴嘛，他不，还一边嘴里念念有词，背诵诗文，乐在其中。妻子不堪忍受，跟他离婚。后来买臣做了官，衣锦还乡，在妻子面前摆威风，妻子羞愧自尽。有人认为朱买臣不厚道，写诗讽刺他“衣锦还乡成底事，只将富贵耀前妻”。这里诗人用的是故事的前半截：朱买臣未发达时受到愚蠢之人的轻视。

【名句赏读】

李白怀有大抱负，但很长时间里都没有得到施展的机会。天宝元年，他已四十二岁，得到唐玄宗召他入京的诏书，异常兴奋，以为理想将得以实现。“仰天大笑出门去，我辈岂是蓬蒿人”，就体现了这种昂扬的情绪。

我们青年学子，也应该有远大志向，有驰骋四海的气势。不做"恩怨相尔汝"的小儿女，而应放眼世界，去寻找诗和远方。

"大贤虎变愚不测，当年颇似寻常人。"李白《梁甫吟》中的这两句，正可以作为呼应：有真才实学的人，才华不逞，一旦机会来了就会一飞冲天，而这是愚昧无知者万万想不到的；但在机会来临之前，他们的表现似乎也跟寻常人没什么两样。

"蛟龙岂是池中物"，出自宋代张咏的《解嘲》诗。这一句常用来形容世间杰出人物，在他还没有成功的时候，便可看出他的不同凡响。后世多把这句演变为"金鳞岂是池中物，一遇风云便化龙"。

我见青山多妩媚，料青山见我应如是

如果有一天，你的朋友都不在身边，心中的话将与谁说呢？或许你会说：现在通信发达，打个电话不就解决了。但在古代，想跟一个人随时说话并不容易，于是古代文人们往往寄情于山、话别于水。辛弃疾的这两句词便是与山"心有灵犀"的经典范本。

贺新郎

（宋）辛弃疾

甚矣吾衰矣。怅平生、交游零落，只今余几！白发空垂三千丈，一笑人间万事。问何物、能令公喜？我见青山多妩媚，料青山见我应如是。情与貌，略相似。

一尊搔首东窗里。想渊明、《停云》诗就，此时风味。

"我见青山多妩媚，料青山见我应如是。"这句话里有无人可诉的孤独，同时也有能与青山相互欣赏、彼此慰藉的释怀。

在日常生活中，若不拘泥于情境，当有人问你：眼前这一片景色好看吗？你也大可以回答：好看，"我见青山多妩媚，料青山见我应如是"！

江左沉酣求名者，岂识浊醪妙理。回首叫、云飞风起。

不恨古人吾不见，恨古人不见吾狂耳。知我者，二三子。

　　辛弃疾创作这首词时已是五十九岁了，因此自叹"已经很衰老了"，平生老友四散飘零、所剩无几，想来令人倍感惆怅。如今白了头发、退了功名，对人间世事也能淡然处之，诗人自问自答：又有什么能让"我"真正感到快乐呢？"我"看那青山妩媚多姿，想必它也和"我"同样想法吧。

　　诗人在窗前把酒吟诗，大胆揣测着陶渊明写《停云》时的心境，认为东晋那些在醉酒中求名的人，是体会不到饮酒真谛的。说起喝酒的乐趣，"我自是能出口成章、滔滔不绝"，因此，诗人并不为没见过陶渊明而遗憾，反倒是为陶渊明没见过"我"这等高傲疏狂的人而感到可惜。最后，辛弃疾叹道："最了解我的，也就那么几个好朋友。"

【名句赏读】

　　"我见青山多妩媚，料青山见我应如是。"直白一些的翻译就是：我看见青山，觉得她很妩媚多姿；我想青山见

　　"我见青山多妩媚，料青山见我应如是。"面对巍巍春山，一派苍翠，风吹过耳，觉得一切的烦恼惆怅都不自觉消散，山与我相见相亲。

了我，应该也是觉得我很妩媚多姿。

——我们不禁要感叹：这个作者真会排解自我呀！

但这种自我排解，恰将作者辛弃疾的真性情展露无遗。也唯有真性情者，才能写出这等妙句。

词人将青山看作独立的生命体，继而将青山想象成"对话之人"，借青山之口，揭示出"我"的内心情感。

更多佳句

"不恨古人吾不见，恨古人不见吾狂耳。"

同一首词中，辛弃疾的这一句也被广泛引用，深受读者喜爱。不遗憾我没见过那些古人（原词中指陶渊明），只遗憾那些古人没见过我的轻狂模样！

"他人笑我太疯癫，我笑他人看不穿。"

出自明代才子唐寅的《桃花庵歌》。诗人自称桃花仙人，倡导一种无为、自得其乐的生活态度，并说：别人笑我疯疯癫癫、不谙世事，我却笑他人糊涂懵懂，活不明白。

清风朗月不用一钱买，玉山自倒非人推

被后人誉为"诗仙"的李白，文学造诣自不必说。他生性豪放、思维浪漫，有一个"有趣的灵魂"。

提到李白，就不能不提他"斗酒诗百篇"的传奇。他特别喜欢以酒会友，也习惯饮酒作诗，酒是他生命中非常重要的东西。"呼儿将出换美酒，与尔同销万古愁。"在李白的心里，没有什么是一顿酒不能解决的。

襄阳歌

（唐）李白

落日欲没岘山西，倒著接䍥花下迷。襄阳小儿齐拍手，拦街争唱白铜鞮。

旁人借问笑何事，笑杀山翁醉似泥。鸬鹚杓，鹦鹉

一学就会

"清风朗月不用一钱买"，是一种洒脱，不花钱就能享受美好事物，而且是清风、朗月这种高雅之物。晚上赏月，可以引用这句诗。

"玉山自倒非人推"，常用来形容醉酒后的放浪形骸、无拘无束。也可以按其字面意思来应用，比如有人摔了一跤，可以跟他开一个无伤大雅的玩笑："动作麻利、姿势潇洒，玉山自倒非人推，果然人中极品！"

杯。百年三万六千日，一日须倾三百杯。

遥看汉水鸭头绿，恰似葡萄初酦醅。此江若变作春酒，垒曲便筑糟丘台。

千金骏马换小妾，笑坐雕鞍歌落梅。车旁侧挂一壶酒，凤笙龙管行相催。

咸阳市中叹黄犬，何如月下倾金罍？君不见晋朝羊公一片石，龟头剥落生莓苔。

泪亦不能为之堕，心亦不能为之哀。清风朗月不用一钱买，玉山自倒非人推。

舒州杓，力士铛，李白与尔同死生。襄王云雨今安在？江水东流猿夜声。

这首诗写于李白年轻时候，那时的他风华正茂、慷慨激昂，饮酒后喜欢抒发些"酒后真言"。

醉酒之后，诗人用醉眼看世界，反而显得更加诗意和真实。

作文举例

前两年出了一些变故，我们家经济一下子困难了很多。不过爸爸还是跟以前一样乐观、开朗。夏天的夜晚，爸爸几杯啤酒下肚，就开始摇晃着身体，叉腰挺胸，指点夜空，跟我吹牛。虽然我不喜欢爸爸多喝酒，但是那一刻我心里其实觉得很温暖。"清风朗月不用一钱买"，我明白了一个道理：快乐并不需要花很多钱，只要心里有快乐，万物都会为你欢呼。

他借酒发挥，一会儿将城外碧绿的汉水看作刚刚酿好的葡萄酒，一会儿又谈古论今、引经据典，提到了骏马换妾的曹彰、被秦二世杀掉的李斯，还有晋朝常游岘山的羊祜……在李白眼中，他们即便是王侯将相又如何，生前有名又如何，也抵不过自己在当下这逍遥自在的快乐！

【名句赏读】

"清风朗月不用一钱买，玉山自倒非人推。"这两句再次强调了诗人的态度，他认为像"清风朗月"这样的良辰美景，根本不用花一分钱购买就能尽情享受，酒醉之后，还可以像玉山一样倒在风月之中。揭示了诗人对王权富贵的蔑视和不屑，塑造了一个真性情、天真烂漫的醉仙形象。

"玉山自倒"，本是形容竹林七贤中的嵇康为人高洁，平日里像是高冷独立的青松，而醉酒后则像玉山摇摇欲倒的样子。在这里，诗人用来自拟。

"醉里且贪欢笑，要愁那得工夫。"

出自辛弃疾《西江月·遣兴》。作者说醉酒后欢笑还来不及呢，哪里有工夫去发愁啊！这里的"醉"也别有味道。全篇都很值得一读："醉里且贪欢笑，要愁那得工夫。近来始觉古人书，信着全无是处。昨夜松边醉倒，问松我醉何如。只疑松动要来扶，以手推松曰去。"

人间有味是清欢

你向往的生活是什么样子的？是热闹纷杂，还是平淡安宁？相信每个人都有不同的答案。

宋朝的大文学家苏轼表达过自己的看法，但他并未直抒胸臆，而是从"香茗"写到"小菜"，从"细雨斜风"写到"入淮清洛"，用"清欢"二字举重若轻地回答了这个带有哲理性的问题。

浣溪沙
（宋）苏轼

细雨斜风作晓寒，淡烟疏柳媚晴滩。入淮清洛渐漫漫。

雪沫乳花浮午盏，蓼茸蒿笋试春盘。人间有味是清欢。

放眼望去，洛涧水正注入淮河，水势茫茫、渐行渐远。中途休息的时候，喝着乳白香醇的好茶，配上几碟新鲜的应季小菜，好不快活。人间最有滋味的，还是这平平淡淡的欢愉。

一学就会

"人间有味是清欢"，被人们广泛用来表达一种淡泊心境。无论是对于饮食的去繁从简，还是对于生活态度的返璞归真，都可以用这句话道来。

【名句赏读】

"人间有味是清欢。" 置身于如此自在、淳朴的环境中，所做之事简单且快乐，这清淡的欢愉，看似讲的是眼前的香茗小菜、山间作乐，实则表达了"平平淡淡才是真"的人生境界。苏轼是天纵英才，原本可以成就大事业，可惜造化弄人，仕途坎坷。宦海与人心的翻云覆雨，令他悟透了人生：平淡清净才可贵。

作文举例

既有人喜欢肥肉厚酒，就必然有人喜欢粗茶淡饭。并非因为穷酸节俭，而是懂得了"豪华落尽见真淳"的道理。"人间有味是清欢"，人生真正的快乐，不是建立在锦衣玉食上，不是因为永远刺激的新鲜游戏，而是源于内心的富足、从容，源于简简单单的一茶一饭。

书卷多情似故人，晨昏忧乐每相亲

我们都知道读书有很多好处，能增长见识，提升表达能力，也能在考试中得高分，但有多少人是因为单纯喜欢而读书的呢？如今我们把"读书"这件事变得有更多的目的性，恰恰忽略了它能给我们最重要的东西：阅读的快乐。

观书

（明）于谦

书卷多情似故人，晨昏忧乐每相亲。

眼前直下三千字，胸次全无一点尘。

活水源流随处满，东风花柳逐时新。

金鞍玉勒寻芳客，未信我庐别有春。

一学就会

"书卷多情似故人，晨昏忧乐每相亲。"盛赞了书籍的重要地位，与"书中自有黄金屋""问渠那得清如许，为有源头活水来"都是劝人读书的名句。

我们每给自己挑选回来一本书，都不妨念上这么一句。兴致好的话，可以试试自己刻一枚小印章，刻上"书卷多情似故人"，给自己的藏书都盖上章吧。

于谦是明朝名臣，他严于律己、好学博识，始终以书为伴。他看到有些人渐渐将读书这件事功利化，将金榜题名然后升官发财列为读书的目的，从而对书籍、学问缺乏敬畏，更谈不上纯粹的读书之乐，于是写下这首《观书》，重申读书的乐趣。

于谦说，读书人和书的关系，就像是多年的好友，从清晨到傍晚，无论忧愁还是快乐，都会与书为伴。一天读上三五千字，就会心情愉快，胸无杂念，而新鲜的想法就会源源不断地涌出，就像东风吹拂中的花柳争奇斗艳、竞相盛放。那些时髦的人叹"春天"芳踪难寻，却不相信在这小小书屋里，正是春意盎然、别有洞天。

【名句赏读】

于谦全诗皆在抒发自己对读书的感受，是一篇真诚的"自白"。特别是"书卷多情似故人，晨昏忧乐每相亲"两句，

作文举例

几年前，我的书架上还空空荡荡，只有寥寥几册；如今，书架上已经满满当当、热热闹闹了。我把已经读过的、最喜欢的书摆在书架的最下一层，有心事的时候，我喜欢把它们一本一本地抽出来，翻几下又放回去，像是检阅这些老朋友，和它们说说话。"书卷多情似故人，晨昏忧乐每相亲。"它们是我成长的见证。

将书籍当作一个个多情又亲切的人，形影不离地陪伴，像故交、像家人，亲密无间。数百年来，这句诗赢得了无数读书人的"芳心"。

于谦博学多闻、生性刚直、志趣高雅，跟他沉浸在书中不无关系。在他看来，世间的争权斗势、尔虞我诈远不及书中世界精彩，他不愿与浮躁的氛围为伍。

更多佳句

"读书之乐何处寻？数点梅花天地心。"

在《四时读书乐》中，宋代诗人翁森巧妙地自问自答：读书的乐趣应该从何处寻找？且看在冰天雪地里那几朵盛开的梅花吧。仿佛读书就是去发现生命绽放，探索世间妙义的过程。

"枕上诗书闲处好，门前风景雨来佳。"

李清照在《摊破浣溪沙·病起萧萧两鬓华》中，道出了另一种读书的意境：靠在枕上读闲书，站在门前看雨中风景，都是别有趣味的。这感觉，让人想起古人说的"雪夜闭门读禁书"，真正的读书之乐都是因为"闲"，没有任何目的性。

三十功名尘与土，八千里路云和月

岳飞是南宋抗金名将，一生都在为抗金救国而奋斗，心中充满了收复河山的英雄气概和爱国情怀。

岳飞虽是武将，但他创作的一首《满江红·写怀》却流传很广。全词慷慨激昂、抑扬顿挫，情感丰沛悲壮，数百年后有人读到这个作品，"犹觉激昂慷慨，读之色舞"。

满江红·写怀
（宋）岳飞

怒发冲冠，凭栏处、潇潇雨歇。抬望眼、仰天长啸，壮怀激烈。三十功名尘与土，八千里路云和月。莫等闲、白了少年头，空悲切。

靖康耻，犹未雪。臣子恨，何时灭。驾长车，踏破贺兰山缺。壮志饥餐胡虏肉，笑谈渴饮匈奴血。待从头、收拾旧山河，朝天阙。

一学就会

"三十功名尘与土，八千里路云和月。"可以用来表达事业艰难、路途遥远，需要长期不懈的努力；也可以用于感慨：付出了许多努力，却还没能取得令人满意的成绩，心中有遗憾，也有些挫败感。

岳飞二十岁起便随军出征，参加和指挥大大小小的战争数百场，为国家的命运殚精竭虑、舍身卖命。而即使是看惯了荣辱兴衰的岳飞，在面对国土的再次沦丧时，依旧难掩自己悲痛和苍凉的心情。

在一场细雨过后，岳飞登上楼台，倚着栏杆向远处眺望，眼前是满目疮痍的国土和陷于战火的百姓，他胸中怒火熊熊燃烧，悲愤地仰天长啸。他怎会不想奋勇杀敌、为国解忧？但政局的腐败、主和派的消极态度让他心寒，只能眼睁睁地看着金军入侵中原，生灵涂炭、民不聊生。

他想到了自己人生前三十年的经历，虽征战南北、在战场上杀敌无数，但没完成抗金大业，就算不上有任何功名。那些历史上的耻辱何时才能消解呢？为了收复河山，他日夜渴望驾着战车跨过贺兰山，踏破敌军阵营。

这首词激昂、振奋，但知晓了岳飞的结局后，更能从这文字里读出一些沧桑和怅惘。他最终没有死于战场、马革裹尸，而是死在了秦桧等奸臣的陷害下。

作文举例

"三十功名尘与土，八千里路云和月。"这句脍炙人口的名言，激励了一代又一代英雄豪杰、有志之士，也安慰了他们为国家民族命运奋斗之后的落寞之心。

【名句赏读】

"三十功名尘与土，八千里路云和月。"三十年功名如尘土，微不足道；八千里路太遥远，尚需努力！这两句像是岳飞一生峥嵘岁月的真实写照，无论昼夜、阴晴，他一直在抗金护国的路上，从不停歇，但现实讽刺、造化弄人，他还未能实现心中的宏伟大业，便含冤离世，让人无限唏嘘。

更多佳句

"路漫漫其修远兮，吾将上下而求索。"

出自战国时期大诗人屈原的《离骚》。这句可作为人生座右铭，意思是：前方的道路呀，辽远而崎岖，但我不会退缩、放弃，我只会奋力向前。

衣带渐宽终不悔，为伊消得人憔悴

北宋词人柳永，才华横溢、生性浪漫，却也放荡不羁、愁恨苦多，他的词写尽了市井繁华和男女情爱，有些故事源于他的朋友，有些源于他自己。

柳永的词作，传唱度极高，人称"凡有井水处，皆能歌柳词"。这一首《蝶恋花》是其代表作之一，特别是"衣带渐宽终不悔，为伊消得人憔悴"两句，传诵千古。

蝶恋花

（宋）柳永

伫倚危楼风细细，望极春愁，黯黯生天际。草色烟光残照里，无言谁会凭阑意。

拟把疏狂图一醉，对酒当歌，强乐还无味。衣带渐宽终不悔，为伊消得人憔悴。

一学就会

"衣带渐宽终不悔，为伊消得人憔悴。"可用于表达对某人甘愿付出、无比坚贞的情感，也可用于表达对某件事物执着的追求。

比如，我们读书时执着不悔，为了考试努力复习，为了一个人生目标永不懈怠……都可以用这句诗来勉励自己。

关于柳永，有很多有趣的故事。他年轻时生活放荡，流连歌楼，但是词却写得极好，情感真挚，雅俗共赏，特别受歌伎们欢迎，这些人都以能得到柳永的一首词为荣。

宋代，词的传播主要靠歌伎演唱，所以柳永的名声也随着歌声而越来越响亮，以至于传到了皇帝宋真宗的耳中。这一年，柳永踌躇满志地去参加科考，却被宋真宗痛批了一顿，说他不读圣贤书，词作浮靡。皇帝都看他不顺眼了，柳永自然是没考上。整个宋真宗时期，柳永考了四次，也失败了四次。传说宋真宗（也有说是宋仁宗）曾给他的试卷批了四个字："且去填词！"柳永失望之下，索性打出招牌，自称"奉旨填词柳三变"（柳永，字三变）。

由于长期沉沦底层，四处漂泊，柳永的词作多数比较伤感。这首词写他漂泊途中，思念情人：

我独自伫立在高楼上，微风徐来，抬眼看去，一望无垠、弥漫天际的，都是我的愁绪。夕阳残照，草色灰蒙，有谁能

作文举例

奶奶说我一旦喜欢上什么，就很容易痴迷。我以前喜欢书法，写作业时在作业本上一笔一画地写，跟练书法一样；下课时，用毛笔蘸自来水在课桌上写；睡觉时，手指也在被窝里横来竖去地画。整个人因此瘦了一圈。最近我迷上看小说了，没日没夜地看，奶奶嘲笑我很快就要成功"减肥"了。我这真是"衣带渐宽终不悔，为伊消得人憔悴"呀。

懂我此刻无言凭栏的心情？

我也想啊，尽情放纵，来场大醉，然而真的临歌举杯，却觉得索然无味。我如此衣带渐宽人渐瘦，都是因为她呀，但是我心从不后悔！

【名句赏读】

"衣带渐宽终不悔，为伊消得人憔悴。"虽然相思让人瘦，但词人心甘情愿被这种"甜蜜的烦恼"所折磨，不悔不怨。

这句话道出了无数恋爱中人的心思。后来有人把它用在追求事业上，学者王国维在《人间词话》里写道："古今之成大事业、大学问者，罔不经过三种之境界：'昨夜西风凋碧树。独上高楼，望尽天涯路。'此第一境界也。'衣带渐宽终不悔，为伊消得人憔悴。'此第二境界也。'众里寻他千百度，蓦然回首，那人却在，灯火阑珊处。'此第三境界也。"

由此也可见"衣带渐宽终不悔，为伊消得人憔悴"两句流传之广。

"亦余心之所善兮，虽九死其犹未悔！"

屈原在《离骚》中也表达了自己对理想的坚持：这是我心中向往的事情，纵然是死，也不后悔。